Helga Schütz
Heimat süße Heimat

Inhalt

Tagebuch

Kasalinsk in Kasachstan.

Der Schauspieler Helmut Damerius lebte hier sieben Jahre. Nach vielen Jahren im GULag wurde er hierher deportiert. Kasalinsk war ein Ort der Verbannten.

Nach Motiven seiner Erinnerungen habe ich ein Spielfilm-Exposé geschrieben*. In nächster Zeit soll das Drehbuch entstehen. Doch bevor ich damit beginnen kann, muß ich Kasalinsk suchen und sehen.

Wie immer bei der Erarbeitung eines Films, so wird auch diesmal die Annäherung an den Stoff begleitet sein von Zwischenfällen und Abwegen. Die Erfahrung lehrt, daß man als Autor das Sammeln und Suchen, die Annäherung an den Stoff oftmals als das Beste vom Ganzen empfindet. Für das Endresultat, den Spielfilm, bleiben aber all die interessanten Erfahrungen nur von mittelbarem Wert.

Diesmal habe ich die Chance, etwas vom Unterwegssein direkt zu bewahren. Ich kann an dem Ort, an den mich die Geschichte bestimmt, manchen Nebenweg in Bildern und Gedanken festhalten. Das Elektronische Tagebuch, eine Filmreportage für das Fernsehen, wird die Wegsuche beschreiben.

Kasalinsk in Kasachstan.

Melonen, Teppiche, Tee, Kamele. – So hatte sich der Verbannte Damerius den Ort vorgestellt, als er das Lager Solikamsk verlassen durfte. Es sollte nicht die schlechteste Ecke dieser Welt sein. Er wollte nicht das bitterste Los gezogen haben.

* s. Seite 165

Die Wahrheit sah anders aus. Schon die letzte große Eisenbahnstrecke von Aktjubinsk bis zum Aralsee zerstörte die Träume. Das, was er für Schnee gehalten hatte, war Salz...

Wie sieht der Ort heute aus, wie stellt er sich für mich dar? Taugt er als Aufenthaltsort meines Daniel? Taugt er als Drehort? In welche Richtungen wird die Realität die Geschichte, die ich erzählen will, treiben?

Das einzige, was ich über die Damerius-Erinnerungen hinaus zu diesem Ort in Erfahrung bringen konnte, ist, daß er auf den Landkarten verzeichnet wird. Kasalinsk als das alte, kleiner geschrieben, im gestrichelten Blau einer Niederung nahe am Aralsee. Nowokasalinsk, etwas größer gedruckt, an der Eisenbahnlinie Orenburg – Ksyl-Orda – Taschkent.

Wie bekannt, wurden die Deutschen von der Krim und von der Wolga durch ein Stalin-Dekret 1941 nach Kasachstan deportiert. Seit einigen Jahren wird in Alma-Ata eine deutschsprachige Tageszeitung herausgegeben. Früher hieß sie „Freundschaft", seit 1991 heißt sie „Deutsche Allgemeine". In dieser, wie in beinahe allen Publikationen über Kasachstan, spielt Kasalinsk keine Rolle. In den städtischen, schließlich auch in den wissenschaftlichen Bibliotheken nimmt unter der Literatur über die Sowjetunion die Literatur über Kasachstan den kleinsten Raum ein. Unter dieser wiederum konzentriert sich die Aufmerksamkeit auf den Osten – auf die Gegend um die Hauptstadt Alma-Ata. Der Westen mit dem Aralsee liegt wie ein unbeschriebenes Blatt. Dort soll es einen Naturschutzpark geben, kasachisch genannt „Barsakelmes" – d. h. „gehen und nicht zurückkehren". Er sterbe langsam, wie der See, der sei schon tot... Die Böden heißen Skelettböden. Es wachsen Rigida, Wermut und Federgras.

Der Schriftsteller Tschingis Aitmatow hat seinen Roman „Der Tag zieht den Jahrhundertweg" in eben dieser Gegend angesiedelt. Er erzählt eine kasachische

Legende: wie einem jungen Mann durch grausame Torturen das Gedächtnis geraubt wird, erzählt, wie vom nahen Kosmodrom Raketen in den bereits kommunistisch zivilisierten Weltraum starten. Zwischen Legende und Utopie rankt sich das Geschehen an einer Eisenbahn-Ausweichstation.

Die Lektorin der Damerius-Erinnerungen meint sogar, daß Aitmatows Handlungsort, die Ausweichstelle der Eisenbahn Schneesturm Buranly, identisch sei mit Kasalinsk. Damerius habe sich dahin gehend geäußert, und auch sie habe beim Lesen des Manuskriptes sofort an Aitmatows Roman „Der Tag zieht den Jahrhundertweg" gedacht.

Damerius könnte den Roman noch gelesen haben. Er ist 1980 in der Sowjetunion erschienen. 1982 in deutscher Übersetzung bei „Volk und Welt". Damerius ist 1984 gestorben.

Ich habe nun, die Landkarte von Kasachstan auf dem Tisch, den Roman noch einmal gelesen.

Aitmatows Sary-Ösek – die große Steppe – gibt es auf meinem Atlas nicht. Nur einen Ort Saryosek, gelegen an der Bahnlinie, ca. 300 km nördlich von Alma-Ata.

Die Geschichte vom Mankurt, Aitmatow nennt sie eine Sary-Ösek-Legende, wird auch in anderen Gebieten Mittelasiens erzählt.

Juan-juan-Horden hatten einst die Steppe überfallen. Sie töteten die alten nomadisierenden Hirten und schleppten die jungen Männer mit in ihr Lager. Kamele wurden geschlachtet. Die Haut der Hälse war das wichtigste Schlachtgut. Sie wurde über die kahlgeschorenen Köpfe der Gefangenen gestülpt. Den so Zugerichteten wurden Holzblöcke um den Hals gelegt. Ihnen wurden Hände und Füße gebunden. Darauf brachte man die Gefangenen in die Steppe. Wo die Sonne am heißesten schien und weit genug vom Lager entfernt, damit die Sieger bei ihren Feiern nicht durch Schmerzensgeschrei gestört wurden.

11

Das Fell zog sich in der Gluthitze der Steppensonne schnell zusammen, preßte den Schädel. Die nachwachsenden Haare bohrten sich in die Kopfhaut zurück. Einen Schiri anlegen hieß die Prozedur. Die Halshaut eines Kamels reichte für fünf bis sechs Schiris. Wer die Tage in der Steppe überlebt hatte, wurde gut genährt, der war ein Wertgegenstand – ein stummer, ungefährlicher Sklave, der niemals an Flucht denken würde. Er war bestens für alle Arbeiten geeignet, z. B. auch zum monatelangen einsamen Kamelehüten in der Wüste.

Selten wurde ein so zum Mankurt verstümmelter Mensch befreit. Nur eine Naiman-Mutter, so erzählt die Legende, hatte es versucht.

Sie hatte von einer Händlerkarawane erfahren, daß in der Nähe ein Mankurt-Hirte Kamele weide. Sollte das ihr Sohn sein, den sie seit dem Überfall der Juan-juan vermißte? Die Mutter wußte, daß sie keine Ruhe mehr finden würde, ehe sie sich vergewissert hätte, daß jener Mankurt nicht ihr Sohn wäre.

Sie zog mit ihrer Kamelstute durch die Steppe. Nach vielen Tagen fand sie ihn, eine Herde hütend – ein Mankurt.

„Men botasy ölgen bos maja, tulybyn kelip jiskegen... Ich, eine graue Kamelstute, deren Junges gestorben ist, bin gekommen, am ausgestopften Fell meines Kindes zu schnuppern..." Die Mutter versuchte, das Gedächtnis ihres Sohnes aufzuhellen. „Erinnere dich, wer du bist. Dein Name? Dein Vater ist Dönebai. Dönebai. Dönebai..." Es half nichts, er wußte nichts mehr. Er hatte nur noch Angst um seine Mütze und um seinen Kopf. Der Mankurt spannte den Bogen. Er zielte einen Pfeil auf die vom Kamel herab rufende, lockende Mutter. Ihr weißes Tuch fiel von den Schultern. Der Wind trug es fort. Dönebai. Der weiße Vogel Dönebai. Seitdem fliegt er nachts durch die Sary-Ösek, der weiße Vogel Dönebai.

Der Platz, wo die Naiman-Ana begraben wurde, heißt Ana-Bejit – Mutterruhestätte.

Dort – eine heilige Stätte – wollen die Bewohner von Schneesturm-Boranly einen der Ihren begraben. Doch die Gegend in der Sary-Ösek wurde abgesperrt. Streng bewachtes geheimes Terrain. Dort starten die Interkontinentalraketen. So will es Aitmatow in seinem Roman.

Ein Roman, der Landschafts- und Menschenbilder entwirft, die nicht mit dem wirklichen Namen Kasalinsk in Verbindung stehen. Wieder versinkt der Name im hellbräunlichen Nichts der Landkarte, nahe dem Fluß, nahe der Eisenbahnlinie und nicht weit entfernt vom See.

Der Aralsee wurde in Reisebeschreibungen aus dem 16. Jahrhundert Blaues Meer genannt. Die Überlieferungen sind voller Irrtümer – Entfernungen stimmen nicht, Landschaften, Flüsse tragen mal diesen, mal jenen Namen. Die noch früheren Nachrichten spekulieren von einem einzigen großen Meer – Kaspisches Meer und Aralsee seien in alten Zeiten eins gewesen und der Amudarja sei noch bis ins frühe Mittelalter eigentlich ins Kaspische Meer geflossen. Es habe unterirdische Verbindungen zwischen beiden Meeren gegeben.

Welche Launen der Natur haben in den frühen Zeiten die Meere getrennt, die Flußläufe geändert? – Man habe in Kriegszeiten Wasserläufe und Brunnen zugeschüttet. Vorher warf man tote Pferde und Arsen hinein. Zum Schaden der Feinde, der Eroberer. Der anderen. Das sei zum Beispiel unter Arab-Muhammad so gewesen, der habe eine Invasion seitens Abbas des Großen befürchtet. Brunnenvergiften, als Angriffs- und Verteidigungsstrategie. Umweltzerstörung.

Jagd nach Kasalinsk-Literatur. Die Bibliothek des Ost-Europa-Institutes der Freien Universität Berlin wird mir empfohlen. Ich suche umsonst nach vier

13

Signaturen. Die Bücher sind geklaut worden. Ein Buch habe ich in einer Kassette bekommen, weil es schon sehr arg zerlesen ist: Erinnerungen von Margarete Buber-Neumann „Als Gefangene bei Stalin und Hitler".

Ich lese von ihrem Schreckensweg im Gefangenentransport von Moskau nach Kasachstan... Der Ural bleibt zurück, und es geht tagelang nur noch durch baumloses Weiß. Bei Karaganda das erste Lager, nächste Station Rayonsabschnitt Burma in der kasachischen Steppe, dann Leninskoje, dann El Marje. Himmel. Hügel. Dazwischen ein Tal. Eine Senke. Felder. „Die Sträucher der wilden Rosen an den Abhängen der Berge waren glühend rot, und ein mattblauer Septemberhimmel überwölbte dieses liebliche Tal... Schweißüberströmt, gekrümmt und ganz betäubt kamen wir nach Sonnenuntergang in die Hütte, und da gab es nicht einmal ‚narris' (Bretter), und wir schliefen auf dem Lehmboden..." Schöne Gegend und brutaler Lageralltag. Krankheiten, Prügel. Häßliche Gegend. Der Sommer sei schrecklich, wegen der Mücken, der Winter sei grausam. Frost bis vierzig Grad. Schneestürme. Der berüchtigte Buran. – „Der fegt einen Menschen wie ein Staubkorn durch die Wüste. Zwischen den Erdhütten laufen Seile, damit man sich festhalten kann."

Ich frage einen Nachbarn, der auch in Karaganda im Lager war. Ob er Leninskoje oder El Marje kenne. Er zuckt die Achseln, es habe sehr viele Lager in Karaganda gegeben. Ungezählte in Kasachstan.

Kasachstan ist groß – 2,7 Millionen km². 77 Städte, 2000 Siedlungen, 14,4 Millionen Einwohner.

Ich suche Kasalinsk, die Kasalinsker. Wolga-Deutsche, Krim-Deutsche, Kirgisen, Kasachen. Solshenizyn schrieb jüngst, Kasachstan sei bewohnt von Russen, Lagerhäftlingen und verbannten Völkern.

Die Wolga-Deutschen sammeln sich seit einiger Zeit in der Bewegung „Wiedergeburt". In der „Deutschen

Allgemeinen" geht ein Streit, ob es gut wäre, wieder in die alten Gebiete zu ziehen. Die Gegner meinen, man habe jetzt in Kasachstan eine Heimat gefunden. Außerdem wohnten an der Wolga heute andere. Die würden alle diese Vorstellungen mit Argwohn beobachten. Ein deutsches Filmteam, das dort den Spielfim „Suche nach einer Heimat" drehen wollte, sei verjagt worden. Ein Streit, dem ich gewiß nicht ausweichen kann. Selbst wenn ich gerne wollte.

Mein Ziel ist Kasalinsk in der Nähe des Aralsees.

Das Leben eines Mannes, den ich nicht kenne, von dem ich nur gelesen habe, führt mich dorthin. Ein vorgegebenes, doch auch mit Eigensinn behauptetes Ziel. Was auch geschieht, es wird an mir liegen, wieviel ich den Ereignissen abgewinne. Es ist kein touristisches Unternehmen, hat keinen ordentlichen Reiseplan, es ist ein Abenteuer. Unternommen, um Spuren dieses Mannes und der Menschen zu suchen, die durch Willkür an diesen Ort geraten sind. Zu sehen, wie sie sich heute befinden, ihr Andenken zu bewahren.

Potsdam, 14. Juni 1991

Im Berliner Intourist-Reisebüro höre ich, daß man an den Aralsee weder als Tourist noch als Dienstreisender fahren kann. Man bekommt für dieses Gebiet kein Visum. Das Mädchen gibt mir eine Liste mit etwa 70 anreisemöglichen Städten. Nächstens kommen noch etwa vierzig Städte hinzu. Aktjubinsk ist dabei. Ich sollte versuchen, bis Aktjubinsk zu fliegen, dort ein Auto zu mieten oder mit der Eisenbahn weiter nach Kasalinsk zu fahren. Wer weiß, ob man in Kasalinsk noch ein Auto oder ein Pferdefuhrwerk für die Kameraausrüstung mieten könnte.

Im Aufbau-Verlag sind die Romane von Abdishamil Nurpeissow erschienen. Ein Kasache. Sein letzter Roman handelt vom Aralsee. Titel: „Der sterbende See". Er wohnt in Alma-Ata. Alle Schriftsteller wohnen in der Hauptstadt.

Christa, eine Schriftstellerin aus Potsdam, erzählt mir, daß Alma-Ata eine häßliche Stadt sei. Auch sie wollte in den Osten von Kasachstan. Obwohl sie Gast des Schriftstellerverbandes war, an den Aralsee durfte sie nicht. Sie sei zweimal drüber geflogen. Einmal hätte ein Sandsturm, der fast bis zum Flugzeug heraufgereicht habe, die Sicht auf den See versperrt, das andere Mal hätte sie die blaue Weite gesehen und die violett blühende Wermutsteppe. Zauberhaft, sagt sie.

Vom See und vom großen Fluß Syrdarja läßt Damerius in seinen Erinnerungen nichts verlauten. Er schreibt nichts von muslimischen Riten und Gewohnheiten dort. Alles dreht sich ums Überleben, um den neuen, sozialistischen Alltag.

Ca. 1870 war der riesige Landstrich Transoxanien, das Gebiet zwischen den Strömen Syrdarja und Amudarja unter russische Verwaltung gestellt worden. Russische Topographen, Geologen, Geographen und Bauingenieure kamen in die Gegend. Bewässerungsanlagen für den Baumwollanbau und Eisenbahnlinien wurden gebaut. An den Strecken entstanden Bahnhöfe, Ausweichstationen, russische Siedlungen.

Unter den ersten Strecken war die von Orenburg nach Aktjubinsk, Nowokasalinsk, Ksyl-Orda. Auf diesem Weg war Damerius in den Verbannungsort gefahren. Auf diesem Weg wollte auch ich nach Kasalinsk reisen.

In den Jahrhunderten vor der russischen Verwaltung lag das Gebiet im Spannungsfeld mongolischer, türkischer und iranischer Herrscher. Nach Tschinggis-Chan kam es unter Kebek, dessen Bruder und Nachfolger brachte den Islam als Staatsreligion ein und stellte sich damit gegen die Anhänger des Nomandenadels. Danach zog Tamerlan, Timur-Leng, der „Eiserne Lahme", mit einem 200 000-Mann-Heer durch die Steppe gegen China. Er starb am Syrdarja – in Otrar. Der Sohn, der Enkel, der Onkel traten die Nachfolge an. Gegenseitiges Blenden, Absetzen und Morden.

Inzwischen hatte ein Chan der Goldenen Horde mit Waffengewalt einen Haufen Nomadenvölker zusammengebracht. Sie nannten sich Usbeken und wurden gegen die Timurheere geführt. Ein Teil dieser Usbeken trennte sich ab und schloß sich dem Chanat von Mogulistan an. Sie wurden Kasachen genannt.

Es folgte ein weiteres halbes Jahrhundert Hin- und Herreiten, Morden und Stechen.

Wir haben die Visa in der Händen. Moskau, Alma-Ata, Aktjubinsk, Aralsk, Kasalinsk, Ksyl-Orda – alle Orte, die auf unserer Route liegen, sind mit schwarzer Schreibmaschinenschrift auf rosa Dokumentenpapier verzeichnet.

Das gilt.

Wir werden zu viert reisen. Mit mir kommen der Kameramann Heiner, Bernd, der Kameraassistent, und Herbert mit dem Geldkoffer und der Verantwortung.

Mainz, 19. Juni

Vorbereitungen. Einkaufen. Geschenke: Kinder-
bücher, Buntstifte, Strümpfe, Rasierklingen, Lippenstifte, Seife, Uhren, Rechner. Bernd schiebt die große
Karre durch den Supermarkt. Wir schleppen herbei.
Tragen wieder zurück. Ich soll sagen, was die Kasalinsker erfreuen könnte. Unsere erste gemeinsame
Aktion. Meine ersten Zweifel. Gemeinsam ins Unbe-
kannte. Ich weiß nicht viel mehr als ihr, meine Herren.
Hoffentlich gehts gut.

In einer zweiten Karre stapeln wir Dauerwurst, Tee,
Lebensmittel für unsere Überlebenskiste. Ich suche
noch eine Mütze gegen die Sonne und ein kleines
Kissen.

Habe die Sony-8-Kamera mit in meine Museums-
klause genommen. Probiere das Ding. Knöpfe, winzig
klein. Dickes Bedienungsbuch. Ich studiere. Muß die
Scheu vor dem Apparat möglichst bald verlieren.

Kann nicht schlafen.

Hauptstadt- und Regierungssitzdebatte im Fernsehen. Und talk über Neo-Nazis. Dann „Unternehmen
Barbarossa" – über den 2. Weltkrieg, Deutschlands
Einfall in die Sowjetunion. Eine Co-Produktion
zwischen ZDF und Gostelradio.

Mainz, 20. Juni

Der Start läuft. Abschied von den vier Wänden in
Mainz. Mein zweites Zuhause in diesem Jahr. Stadt-
schreiber-Wohnung unterm Dach des Hauses „Zum
Deutschen Kaiser". Die Etagen sind von der Verwaltung und der Bibliothek des Gutenberg-Museums
und von der Gutenberg-Gesellschaft belegt. Früher
war das ein prächtiges Hotel. Mozart, Goethe haben
hier gewohnt. Es ist ein herrlicher Barockbau.
Touristengruppen bleiben davor stehen. Sie bekommen die Geschichte des Hauses erklärt. Manchmal
höre ich zu. Die Blicke wandern die Fassade von

18

unten nach oben. Dort rechts im Giebel wohnt unser Stadtschreiber. Das bin ich.

Auf dem Domplatz leuchtet der Wochenmarkt mit Blumen, morgenfrischem Gemüse und Früchten. Meine Fenster sind zu. Die Vorhänge geschlossen.

Taxi zum Lerchenberg. Vor dem Pförtnerhaus Treff mit dem Team und Abfahrt zum Flughafen. Ein Experte vom Reisebüro hat unsere Tour vorbereitet. Ich bin zufrieden. Die Stationen nach Wunsch. Nur, daß wir von Moskau aus nicht nach Aktjubinsk, sondern nach Orenburg fliegen werden. Wir sollen von Orenburg aus mit der Bahn fahren. Der Reisebüro-Mensch meint, Orenburg läge nur 100 km von Aktjubinsk entfernt. Ich schätze, es ist viel weiter.

Wir verstauen das Gepäck. Ich schleppe die Kamera mit mir herum. Zögere auf dem Flugplatz. Soll ich die Kamera laufen lassen? Den Aufbruch per Bild dokumentieren? Als wäre ich ein Tourist. Als wäre ich ein Profi. Ich bin keins von beiden. Habe ich mich mit dem Gerät umsonst beladen? Wird es mir, statt hilfreich, ein Ärgernis sein?

Hier in Frankfurt zeigt sich der deutsche Sommer, wie Heinrich Heine sagte, als ein grün angestrichener Winter. Nun regnet es auch noch. In Moskau soll es über 30 Grad heiß sein.

Jelzin weilt noch in den USA. Wie wird sich das Verhältnis der einzelnen Republiken zur Union gestalten? – Vielleicht gibt es in Amerika neue Einsichten, wie die Spannungen zum Besten der Völker in der Sowjetunion genutzt werden können.

Der Kasache Nasarbajew soll eine ziemlich unabhängige Politik betreiben, trotzdem aber zur Union und zu Gorbatschow stehen.

Moskau, 21. Juni·
Was gestern noch war: Warten. Einübung in ein neues Verhältnis zur Zeit. Es begann mit der Ankunft

auf dem Flugplatz Scheremetjewo. Ein Bemützter am Zoll stellte fest, daß uns ein Papier zur Einfuhr unseres Kamerakrams fehlte. Er hieß uns beiseite zu treten, befahl uns dem Schicksal, und da standen wir, bis alle Passagiere durch waren, nichts mehr kam, und gar nichts mehr war. Das Laufband stand stille. Die verstaubte Elektronik verstaubte weiter. Die Bemützten hatten ihre Mützen in den Nacken geschoben. Sie lümmelten in einer Ecke, rauchten und erzählten sich was, machten schließlich ein Nickerchen. Wir neben dem Laufband mit unseren siebzehn silbernen Koffern und Stativen gingen sie nichts mehr an. So verloren fand uns ein Fahrer vom Moskauer ZDF-Studio. Er verschwand, und wir hofften, daß er sich auf Wege begeben hatte, unsere Angelegenheit zu klären.

Nach einer Stunde tauchte unser Hoffnungsmensch wieder auf. Er zuckte die Schultern, noch nichts. Aber er habe nun einen anderen Vorschlag. Wir verstanden nichts, uns war alles recht. Er lächelte uns diesmal tröstend zu und ging. Wir genehmigten uns jeder einen frischen Kaugummi. Die schlummernden Bemützten blinzelten. Kaugummi? Sie griffen auch zu. Lächelten. Der Tag schmolz hin, zumal wir zwei Stunden Zeitverschiebung drauflegen mußten.

Die Dämmerung kam und endlich auch unser Mann. Er brachte diesmal zwei Mädchen mit, wies auf unser Gepäck. Wir reichten den Mädchen alles, was wir an Dokumenten und Listen besaßen. Sie schnatterten miteinander, und wir nickten ihnen aufmunternd zu. Schließlich hieß uns eine der beiden, den Kamerakram zu unseren Privat-Koffern zu stellen und auf unsere vier persönlichen Formulare zu schreiben.

Das war schnell getan.

Die Mädchen setzten Stempel darunter. Während das geschah, flüsterte uns der Mann zu, daß es nun geschickt und richtig wäre, den Damen Zigaretten zuzuschieben.

Wieviel? flüsterten wir.

Jeder ein Päckchen, das genügt.

Die Aktion verlief unsichtbar, unter der berühmten Decke. Wir zogen stolz mit unserem Silberzeug aus der Ankunftshalle. Warum nicht gleich so?

Doch das war eine untüchtige Kömmlingsfrage.

Fahrt vom Flugplatz in die Stadt. Ein Gewitter hatte sich über dem heißen Häusermeer aufgebaut und ging nun mit Blitz und Donner und Prasselregen hernieder. Die Chauffeure in den Autos jagten mit Genuß durch die tiefen Pfützen. Hielten die nackten Arme aus den Fenstern und waren in ihren Turnhemden jeden Augenblick darauf aus, einen Vorteil zu gewinnen. Rechts, links, auf breiter weißer Markierung vorbei. Bei Rot zwei Wagenlängen über die Ampel hinweg, das zeigt Elite.

ZDF-Studio. Gutes Hinterhaus. Im Hof Chauffeure beim Autowaschen. 4. Etage. Das Etablissement: ein leichter Hauch vom Lerchenberg/Mainz, durchsetzt mit Moskauer Charme. Auf dem kleinen Balkönchen lagerten Autoreifen, Felgen, Keramikwaschbecken. Rissiges Mauerwerk, blinde Fenster. Halbprovisorische Sanitäreinrichtung. Zugaben: Schachteln mit hygienisch-feuchtem Papier und Frischeduftdosen. Das Aufnahmestudio ist gleichzeitig Lager- und Aufenthaltsraum. Irgendwann hat der Hausherr es aufgegeben, sein Nest perfekt einzurichten. Der Alltag diktiert und fordert alle Kräfte.

Ein höflich kühler Organisator begrüßte uns als Team auf russischem Boden und sagte uns gleich, was wir uns alles aus dem Kopf schlagen müßten, denn so, wie wir es uns gedacht hätten, ginge es gar nicht. Er nannte die Städte, die wir nicht besuchen dürften. Ein Telex oder Fax, jedenfalls amtliche Schreiben, wären des Inhalts. Nicht Kasalinsk, nicht Aralsk, nicht Aktjubinsk, nicht Ksyl-Orda. Alles geschlossene Städte.

Er zuckte die Achseln. Raketenversuchsgelände wahrscheinlich, irgendsowas. Man weiß es nicht.

Aber dieses Ding da, der Weltraumbahnhof, der sei doch sicher woanders, mehr nördlich unserer Interessensphären, warfen wir ein.

Man weiß es nicht, wiederholte er. Es gibt viele Orte, die Baikonur heißen. Einer sei bestimmt Kasalinsk.

Das war gleich ein ziemlicher Hammer. Doch wir beruhigten uns, besannen uns darauf, was wir zu Hause von Kennern der Szene gehört hatten. Kasachstan sei längst in seinen Entscheidungen unabhängig von Moskau.

Wir müssen hier weg. Wir müssen schleunigst nach Kasachstan. Dort, in Alma-Ata, sitzt einer, der uns betreuen soll, ein Sowjetdeutscher namens Alexander Frank.

Mit dem wollten wir telefonieren.

Telefonieren? Jetzt? Das geht nicht. Fax geht auch nicht. Schließlich überwandt sich der Organisator, griff zum Hörer, ließ sich nach einigen lustlosen Versuchen nur bestätigen: Was ich gesagt habe, es geht nicht. Vielleicht morgen früh.

Aber wir mußten ja möglichst heute noch entscheiden, ob wir nach Orenburg fliegen sollten, um dort womöglich weder vor noch zurück zu kommen.

In Orenburg, sagte uns der Organisator, gäbe es kein Hotel, sondern nur eine Kloake. Er versuchte mit genannter Unterkunft zu telefonieren. Auch da kein Signal. Der Mann klärte uns, deutlich ermüdet durch unsere Naivität, weiter auf, wir sollten uns nicht einbilden, daß wir dort auf dem Bahnhof eine Fahrkarte bekämen. Wir sahen uns in Schlafsäcken auf Orenburger Pflaster. Ausgeraubt. Aufgegriffen. Hinter hohe Mauern verbracht. Verschollene.

Wir vertagten die Frage Orenburg auf morgen früh. Nach dem Telefonat mit Herrn Frank wollten wir entscheiden.

Zum Hotel „Rossija". Dort, hieß es, könne man Geld umtauschen. Unser Schalter war grade geschlossen. Komme gleich wieder, auf russisch.

Warten, bis eine junge Frau mit Einkaufstaschen auftauchte, gemächlich durchs Türchen verschwand, um nach einiger Zeit mit dem Kassenschlüssel hinter dem Schalterfensterchen aufzutauchen. Erinnerungen an jüngste Geschichte zu Hause. Privat geht vor Katastrophe, hieß das dunkle Kürzel unserer Ökonomie.

Wir bekamen jeder mehrere Batzen Rubel aufs Brett geknallt. Eins zu sechzehn. Für 500 Mark 25er Rubelscheine. Meine Umhängetasche hing mir schwer an der Schulter.

In der Wartezeit hatte ich ein paar Zwiebeltürmchen und ein Stück Kremlmauer im späten Abendlicht mit der Sony-8 festgehalten.

Ziemlich spät kamen wir ins Hotel „Intourist" zurück. Während unserer Ankunft war es hier zugegangen wie auf einem Bahnhof. Keiner hatte eine Auskunft geben können, nichts war vorangegangen. Chaos. Jetzt herrschte unter einigen roten Lämpchen vormitternächtliche Stille. Die Restaurants geschlossen. Wir wurden Stockwerke höher verwiesen. Dort donnerten Lautsprecher. Disko. Nichts für uns. Fahrstuhl runter, hoch. Treppen – ein Zwischengeschoß. In Folklorestil gedeckte Tische, Ober in gestickten Hemden. Eine Büchse Bier sechs Mark. Keine Rubel. Ich aß zwei Plinsen und trank eine halbe Büchse Bier aus einem geschliffenen Sektkelch. Andächtig kleine Schlückchen. Wir applaudierten der trapezförmig eingekleideten Sängerin und den in Ballettstiefeln steckenden Balalaika-Spielern.

Spasibo, die Männer verneigten sich, die Dame lächelte.

Im Hotelzimmer steckte die Hitze der vergangenen Wochen. Das Fenster ließ sich nicht öffnen – ich stellte mir die frische Gewitterluft vor, die jetzt durch die Nachtstraßen zog, wo die Autos lärmten und ein paar Betrunkene brüllten. Das Geschrei stieg die Mauern herauf, drang durchs Glas, donnerte gegen die

Schläfen. Der Kopf brummte. Mein kleines grünes Kissen half mir in einen Schlaf.

Zum Frühstück finden wir uns in Bernds Zimmer vor unserer Futterkiste ein. Herbert hat Alexander Frank per Telefon in Alma-Ata erreicht. Ob es ein Wunder ist oder normal, können wir nicht beurteilen. Jedenfalls sind wir froh, beschließen, nach Alma-Ata zu fliegen, um schleunigst zusammen mit unserem Kontaktmann und Dolmetscher unsere Wege zu gehen. Auf ihn und die unabhängige Politik von Kasachstan richten sich unsere Hoffnungen.

Kraft unserer Währung in Herberts Koffer bekommen wir zwar nicht für heute, aber immerhin schon für morgen Flugtickets. Bon, choroscho. Wir fahren noch einmal zum ZDF-Studio, hören, daß nach der gestrigen Abstimmung im Bundestag Berlin Regierungssitz geworden ist.

Hatte noch ein Gespräch mit dem Redaktionschef. Worüber? Wie häßlich es in Deutschland zugeht und wie spannend dagegen in Moskau. Grade jetzt, Jelzin und Gorbatschow. Endlich wird Vernunft einkehren, sagt er, hofft er. Ich bewundere seinen tapferen Glauben.

22. Juni
Über Moskau liegen Gewitter. Die Stadt ist ein Dampfbad.

Wir gehen über den Roten Platz. Der Kreml. Die Wachablösung vor dem Mausoleum. Militärgehabe für die Touristen. Die stehen und fotografieren, schwenken dann ab zur buntbetürmelten Kathedrale. Einzelne schwarze Limousinen zeigen, was Sache ist. Preschen gewichtig Richtung Kreml. Das Volk hüpft beiseite. Zwischen den Touristen spaziert eine Demonstrantin. Sie trägt einen handgeschriebenen Zettel vor der Brust. Sie spricht mich an, weist auf das

Geschriebene. Ich lese: Abrüstung. Leute neben mir sagen: Und was hätte am Golf werden sollen? – Wenn wenigstens die Welt außerhalb Rußlands in Ordnung wäre. Aber dort ist es, wie es Marx und Lenin gepredigt haben. Und hier ist es, wie es der amerikanische Geheimdienst verbreitet.

Wir gehen durch das Kaufhaus GUM. Meine Begleiter wollten unbedingt hin. Nicht, um das Gruseln zu lernen, sondern in kindlicher Naivität. Was tut man in einem Kaufhaus? – Was kaufen.

In den Regalen liegen dicke Wintermützen und Schals. Viele Stände sind einfach leer, und vor einigen steht eine lange Schlange. Geduldige, gleichmütig schweigende Leute vor einem Stand mit Papierwaren. Es gibt Buntstifte. Großväter warten dort, Mütter, Väter, von der Arbeit hergeeilt, junge Onkel. Buntstifte, zweimal. Die Schachteln wandern abgezählt aus dem großen Karton über den Tisch in die Tasche. Blicklos. Wortlos. Die Szene kommt mir einen Augenblick wie eine Parodie unserer jüngsten Vergangenheit vor. Ich wundere mich, daß keiner lacht, keiner laut brüllt.

Die Touristen, wie auch meine Begleiter, wissen nun nach einem Spaziergang durchs GUM, daß die Versorgung in Moskau schlecht ist. Sie haben es mit eigenen Augen gesehen. Es gibt nicht einmal matte Kerzenglühbirnen mit kleiner Fassung. Als ich diese „Beobachtung" als Witz anfüge, lacht keiner meiner Leute. Sie nicken nur. Genau. Auch mir ist nicht zum Lachen – vor den Dimensionen, die uns unterscheiden.

Mittags wollen wir im Hotel etwas trinken. Wir haben zu warten, bis der kleine Zeiger der Saaluhr auf Eins steht, dann gibts Suppe, Kartoffeln und Krautsalat und auch Tee. Alles zusammen 30 Rubel. Das ist für einen Sowjetmenschen viel Geld. Für mich sind es nicht einmal zwei Mark. Das Geld ist das eine, die Erfahrungen meiner fünfzig Jahre das andere. Die

Haut atmet noch, die Poren sind noch offen für das ganze bittere Luftgemisch. Ich kann ohne Analyse differenzieren, wie es nur ein sozialismusgeläutertes Wesen kann.

Ich beobachte eine Frau im Fahrstuhl. Aufwendig frisiert, Leuchtkleid, Silbergürtel. Wie mühselig, diese Schale zu richten. Wie lebt man eigentlich in dieser Stadt? Uns begegnen ja hauptsächlich Schwarztaxifahrer und andere Schlitzohren.

Am Nachmittag heuern wir ein Taxi. Wir lassen uns zum Arbat fahren. Eine Meile aus buntbemalten Holzeiern und Matroschka-Puppen. Touristennotwendigkeiten. Bei den ineinanderverschachtelten Holzpuppen handelt es sich nicht mehr nur um bunte Matroschkas, da stecken sämtliche Sozialisten ineinander. Von Lenin bis Gorbatschow. Letzter mit rosiger Glatze und sorgfältig gemaltem Taubenschiß auf der Stirn.

Neben dem Drechselwerk gibt es marktgerechte Gemälde. Was Touristen so haben wollen. Landschaften, den Roten Platz naturalistisch oder in Expressionistenmanier, Blumen, Karikaturen.

Ich kaufe ein kleines Aquarell. Ein Stilleben mit einer alten Brille, einer Postkarte, einem Album. Violette und graue Töne und schwarze kyrillische Buchstaben. Auch bei einer Eierfrau habe ich zugegriffen. Ihr Stil sei ukrainisch, erklärte sie mir und führte ihren Sohn vor. Ein Bürschchen von 18 Jahren. Medizinstudent. Für ihn soll das Leben besser werden. Dafür bemalt sie Eier. Gott sei Dank, daß der Krieg in Afghanistan vorbei sei.

Es ist sehr schwül. Ich habe Kopf- und Gliederschmerzen. Ekle mich vor Gerüchen. Essen darf ich mir nicht vorstellen. Tief atmen, nur nicht krank werden.

Wir lassen uns mit einem Taxi ins ZDF-Studio chauffieren, um dort unsere Schätze abzuwerfen.

Heiner, Bernd und Herbert sorgen sich ums Abendessen. Der Organisator im Studio telefoniert mit einem Georgischen Restaurant. Läßt sich weiterverbinden. Plätze bestellen. Gestern war er ein Fatalist, heute zeigt er sich hilfsbereit und aufgeräumt. Vielleicht, weil er uns nun in einer Spur weiß, die weit von Moskau wegführt, fort aus dem Kreis seiner Zuständigkeit. So könnten wir Freunde werden.

Ich nehme mein grünes Kissen und Aspirin und versuche, in der Hitze des Hotelzimmers und im Autolärm von Moskau, der sich in meinen Ohren versammelt, zu schlafen.

In der Frühe geht es mir wieder besser. Mein Koffer wird vor der Zimmertür abgeholt und zum Taxi gebracht.

Wir fahren zum Flugplatz Domodedowo. Eine Höllenfahrt. Der Chauffeur hat eigene Regeln für den Straßenverkehr bzw. gar keine. Er überholt rechts, links, zwischen den Spuren und auf den letzten Pfiff. Er fährt uns direkt auf den Flugplatz, kurvt zwischen Flugzeugen und Gerümpel gleich vor die Waage, auf die wir unser Gepäck zu bugsieren haben. Dann warten. Hier unterm Regenhimmel oder in einem Geviert mit Wänden.

In einem Intershop, d. h. auf einem Tisch in der Ecke, gibt es russische Uhren mit dem Spasski-Turm oder mit roten Sternen, sogenannte Kosmonautenuhren. Nur für Dollar. Hinter einer Tür gibt es Kefir und Kringel für Rubel bzw. Kopeken. Hier im Warteraum treffen wir einen Hamburger Wissenschaftler. Einen Zoologen. Eine Domba geschultert, die Hosen knittrig und achtlos bekleckert, so kommt er gradenflugs aus Alma-Ata. Als er uns erzählt, daß er am Aralsee war, sind wir ganz Ohr. Er macht uns Hoffnung, daß auch wir hinkommen würden. Warum nicht. Leben könne man dort zwar nicht mehr... Wir mustern ihn heimlich. Er scheint gesund. Unangegriffen. Ein Beispiel. Er birst von Erfahrung und Mitteilungsbedürfnis, wird aber bald zu einer Wissenschaftlergruppe gerufen, die er von Kasachstan nach Hamburg zu führen hat. Er kommt noch einmal zu uns zurück, überschwenglich, erzählt, daß er sogar schon mehrmals dort war, sogar schon im Aralsee gebadet habe. Allerdings viele hundert Kilometer einwärts des einstigen Ufers. Die Stelle, an der er im vorigen Jahr war, lag in diesem Jahr schon 1,5 km verlandet. Er sähe keine Möglichkeit, den See zu retten. Sagts und enteilt. Die Domba geschultert, nach Hamburg. Baden im Aralsee, ein Abenteurer.

Unser Flugzeug steckt voll bunten Volks. Alle Plätze sind belegt. Wir trinken und essen vorsichtshalber nichts. Der Zoologe hat uns auch in diesen Dingen mit wichtigen Ratschlägen versehen. Kein Bodengemüse essen. Kein Wasser trinken.

Eine schöne Kasachin, die in einem deutsch-kasachischen Wörterbuch liest, bietet mir ihren Fensterplatz an. Sie lächelt mir zu, als wollte sie mich für die kommenden Wochen aufmuntern.

Ich versuche, das Land in der Tiefe zu entziffern. Die vom Atlas versprochenen Formationen. Gebirge. Flüsse. Sind die Wundmale der Menschenarbeit von hier oben aus zu erkennen? Felder. Bergwerke? Sind wir schon über den Ural? Noch breitet sich Grün. Kleine Ansiedlungen, viel Raum für Einsiedler, Waldmensch und Landtier. Dann fängt das Braun an, das Grau. Darauf das Schnittmuster für das Kleid des Riesen. Striche. Kurven. Fahrwege? Manchmal winzige parallel geordnete Klötzchen. Ein militärisches Objekt oder ein Gefangenenlager, ein GULag? Kasachstan sei voll davon gewesen. Die einstigen Sträflinge und ihre Nachkommen bilden einen großen Teil der heutigen Bevölkerung Kasachstans. Nicht den schlechtesten, heißt es.

Ankunft in Alma-Ata. Wir werden abgeholt. Streichelnd milde Luft. Frische. Ich atme auf.

Das Hotel ist ein Palast. Marmorsäulen. Teppiche. Doch hinter dem Vestibül, in den Fluren verliert und verläuft sich der großzügige Eindruck. In meinem Zimmer gerät er unters Mittelmaß. Das Großartige wird sich erst wieder einstellen bei der Bezahlung.

Unser nunmehriger Begleiter, Alexander Frank, läßt uns wissen, daß es in unserem Arbeitsprogramm einige Einschränkungen geben wird. Davon später. Zuerst muß er uns beibringen, daß es hier im Haus zu dieser Abendstunde kein Essen mehr gibt. Kein Problem, hätte ich beinahe gesagt, doch ich lerne auf der Stelle, daß die Verköstigung des Teams künftighin Raum brauchen wird. Ein arbeitender Mensch hat ein Recht auf Essen. So stehts zu Hause in Mainz im Vertrag.

Alma-Ata, 23. Juni

Es braucht Zeit, ehe sich eine Gruppe bewegen läßt. Alexander Frank, wir nennen ihn seit heute früh Sascha, arrangiert ein gemeinsames Mittagessen mit der Chefdramaturgin und dem amtierenden Chefregisseur des Deutschen Schauspieltheaters in Alma-Ata. Er telefoniert. Muß noch einmal weg. Die Rezeption braucht unsere Pässe. Die hat Sascha mitgenommen. Wir versuchen, ihn zu erreichen. Er kommt, aber ohne Pässe...

Endlich, gegen zwölf Uhr, verlassen wir das Hotel. Wir fahren in ein Stadtrestaurant.

Alexander Hahn und Rose Steinmark erzählen uns über die Arbeit des Theaters, über ihre Inszenierungen, die Probleme der Institution, und ich erzähle, daß ich vor meiner Reise mit einem vormals hier beschäftigten Schauspieler aus den sogenannten „alten Ländern" gesprochen und von ihm über das Theater erfahren habe. Großes Schweigen. Einsilbige

29

Anmerkungen. Ich höre daraus, daß hier ein anderes Bild von ihm existiert als das, was ich mir nach unserer Begegnung gemacht hatte. Er war mir als Wohltäter, Brücke zwischen den Sowjetdeutschen und der Bundesrepublik erschienen. Ganze Container Bücher, Schreibmaschinen, Computer, Spielzeug und andere schiffbare Spenden seien nur durch ihn und seine Anhänglichkeit in diese Region gelangt. Nun höre ich, er habe es nur wenige Monate ausgehalten und habe sich nach seiner schnellen Abreise nicht ein einziges Mal mehr gemeldet. Nur von seinem harten kritischen Brief an ein Ministerium in Bonn, in dem die Arbeit des Theaters als unzulänglich und nicht förderungswürdig beschrieben werde, habe man hier gehört. Ich wiegele ab, beteuere, daß ich den Schauspieler nur einmal gesehen hätte.

Mit diesem problematischen gemeinsamen Bekannten schmelzen die Entfernungen. Die Welt ist klein und der Mensch allerwärts in seinem Gehäuse gefangen. In Legenden spinnt sich sein Lebensfaden, klopft sein Herz, hüpft einmal freudig, einmal kränklich, mal gut, mal böse. Und meist dazwischen. Ich frage nicht nach den Büchern und dem anderen Zeug... Sollte es nicht angekommen sein?

Wir verabreden, daß wir das Ensemble auf einer Reise, einem Gastspiel in den Dörfern in der Nähe von Taldy-Kurgan, begleiten werden. Wir wollen die Theaterleute nach unserer Expedition an den Aralsee wieder aufsuchen. Ich notiere mir einige Dörfer. Uns interessiert das Stück „Die Jahre der Hoffnung". Es hat das Schicksal der Sowjetdeutschen zum Inhalt. Die Vertreibung aus ihren Dörfern an der Wolga durch Stalin, die Zeit in der Arbeitsarmee, dann ihre Ansiedlung an fremden Orten, die jahrelangen Diskriminierungen und die späte Rehabilitierung. Den Rahmen der Geschichte bildet die heutige Massenauswanderung in die Bundesrepublik. Ins „Reich", wie die Antragsteller sagen.

Das, was in den „Jahren der Hoffung" erzählt wird, haben die Schauspieler, ihre Eltern und Großeltern, selbst erlebt.

Rose z. B. kommt aus der Altai-Region. Ihre Eltern wurden von der Wolga dorthin vertrieben. Sie hat in Nowosibirsk studiert und ist mit dem Theater nach Alma-Ata gekommen. Ihre Eltern sind 1974, als die Verbannungsanordnung endlich aufgehoben wurde, zurückgezogen an die Wolga. Auch Rose empfindet die Gegend an der Wolga als ihre Heimat.

Alexanders Mutter und seine Geschwister leben im Altai. Die Familie stammt von der Wolga. Zwischenstation war Workuta. Durch die Hilfe von Verwandten konnten die Eltern außerhalb des Lagers arbeiten. Alexander hat die Mutter gebeten, ihr Leben aufzuschreiben. Solange es ein Deutsches Theater gibt und damit eine Arbeit, die er liebt, will er hier in Kasachstan bleiben. Auch Rose sagt das so. Hinter ihren vorsichtigen Beteuerungen meint man, bereitstehende Koffer und Reisekisten zu sehen. Für den Fall, daß sich ihre Hoffnungen auf den Fortbestand des Theaters nicht erfüllen. Ein Theater hat ja nur Sinn, wenn es Zuschauer gibt. Ich erzähle ihnen von meinem Filmvorhaben, von Daniel, dem Schauspieler. Sieben Jahre Kasalinsk. Erzähle, wie er dorthin gekommen ist. „Auf eigenen Wunsch." – Seine Träume während der Fahrt dorthin... Ob sich für sein Schicksal jemand interessieren wird?

Nach Aktjubinsk können wir erst am Mittwochabend fliegen. Das heißt, unsere erste Einstellung könnten wir erst nach einer Woche Aufenthalt in der Sowjetunion drehen. – Vorausgesetzt, wir bekommen für diesen Mittwochabendflug Tickets, vorausgesetzt, es gelingt uns, Zugfahrkarten von Aktjubinsk nach Nowokasalinsk zu beschaffen. Ich bilde mir immer noch ein: Daniels Eisenbahnfahrt müßte unser erster Drehtag sein. Nur so behält die Annäherung an den Filmstoff einen roten Faden und

Wahrhaftigkeit. Das Elektronische Tagebuch soll ein Tagebuch bleiben.

Am Nachmittag unternehmen wir eine Fahrt durch Alma-Ata. Apfelstadt. Doch seit Jahren gibt es nur noch wenig Äpfel hier. Die Plantagen seien vor Jahren zusammen mit den Weinstöcken im Zuge der Antialkoholkampagne abgeholzt worden. Neuanpflanzungen seien nicht ratsam, weil die Gegend unterdes durch chemische Gifte der Fabrikschornsteine verdorben sei.

Häßlichkeiten von Menschenhand. Betonbrutalitäten.

Wir fahren durchs Türkische Viertel. Hütten hinter Bretterzäunen, am Straßenrand in Notdurfthaltung hockende Männer. Blicke aus der Froschperspektive, stumm, dunkelbraun. Warten, daß der Tag vergeht.

An der Ecke wird aus einer Blechtonne eine rosafarbene Flüssigkeit verkauft. Wein oder Apfelsaft? Die Käufer halten Näpfe und Gläser hin.

Frauen mit Blumensträußen, flatternde Rosen, Gladiolen. Ich steh mit der Kamera vor den Farben und den Gesichtern. Eine der Frauen drückt mir einen Strauß in die Hand.

In einem anderen, einem grünen Stadtviertel am Fuß der Berge: das Parteigebäude, das Fernsehen und weitere Repräsentationen.

Abends fahren wir in ein von Türstehern gehütetes Restaurant. Der Gast kauft am Eingang einen Talon zur Verrechnung für Essen und Trinken. Hier wird an zusammengeschobenen Tischen getafelt, gefeiert. Geburtstage und Wiedersehen. Ein Turban-Inder, den ich vom Moskauer Flugplatz her wiedererkenne, hat ein buntes Nationalitätengemisch um sich gesammelt. Der Tisch glänzt unter Obstschalen, Fisch, Fleisch, Brot und Sekt. Wir ordern Sekt und Kaviar, roten und schwarzen. Essen aus Darmgründen sehr vorsichtig vom Gemüse. Das Abendessen kostet in Rubel pro Mann eine halbe Monatsrente. Für uns sind es sechs

Mark. Man bewegt sich nach hiesigen Rock-Gruppen und nach internationalen Klassikern. Stones. Beatles usw. Das zwanzigste Jahrhundert kennt keinen Nationalismus mehr in der Musik und in den Trachten. Kann sein, daß hier etwas mehr Farbe und Silber vorherrscht im Vergleich zum schwarzliebenden jungen Europa.

Die vielen Silberkleider mußten meine Begleiter verwundern, mich nicht. Ich wußte gleich, daß in Kasachstan ein Waggon Silbergewirk eingetroffen und daß der Rest ein Werk der hiesigen Schneiderinnen war.

Das Schöne und das Häßliche. Das Häßlichste ist vielleicht der internationale Beton. Wenn er wenigstens nackt bliebe, doch hier werden die Häuser noch zusätzlich mit folkloristischen sogenannten Schmuckelementen verschandelt. Ich habe nicht für möglich gehalten, daß es nach Marzahn noch Schlimmeres gibt.

Moskau schickt im Nachtprogramm des Fernsehens ein schneeiges Tanzdrama in mein Hotelzimmer. Sehnsucht. Hoffnung auf Mütterchen Rußlands Wiederkehr. Ich warte auf die Schlußnachrichten. Bilder aus Deutschland. Potsdam. Leute in den Korridoren des Arbeitsamts.

24. Juni
Neue Anordnung. Seit heute seien die Städte Aralsk und Kasalinsk gesperrt. Eine Scharlachepidemie. Ausländer dürften das Gebiet auf ärztliche Anordnung hin nicht betreten. Nun auch noch Aralsk! Der Fernsehverwaltungsdirektor hatte uns zwar eben zugesichert, daß das Studio Alma-Ata alle Kosten für den Transport sowie die Autofahrten im Raum Aralsee für uns übernehmen würde, doch nach dieser Anordnung nützt uns die großartige Zusicherung gar nichts. Die Erklärungen sind konfus. Zum Verrücktwerden. Ich will versuchen, wenigstens jetzt eine Reihe hineinzubringen:

Der Tag fing gut an. Pünktlicher Aufbruch zum Deutschen Theater. Dort wurden wir schon von Alexander und Rose erwartet. Sie bahnten uns die Wege, zeigten uns ihr Wirkungsfeld. Abrißbuden. Ein Schrottplatz? Für mich keine Frage. Das war einfach das Leben. Etwas real existierendes. Sozialismus oder so. Drei Männer, mit kräftigen Werkzeugen über den Motorraum eines Autos gebeugt. Reifenwechsel. Montage im sensiblen Bereich. Motor kaputt. Kupplung, Kühlung. Hammer her. Ein kräftiger Fluch. Dekorationsabteilung. Dort werden Transparente gemalt. Werbung für die „Jahre der Hoffnung".

Kostümschneiderei. Fundus. Mädchen beim Verpacken der Utensilien für die Gastspielreise.

Im Saal des Kulturhauses läuft eine Veranstaltung. Eine Matinee für Kinder. Wir geraten als Anhängsel einer Ballettgruppe mit auf die Bühne. Die Regisseurin keift aus der Nullgasse in die Musik hinein. Zornrot. Die Deutschen! Wir machen uns klein. Es sei ein Versehen! Iswinitje, poschaluista.

Die Russen können uns nicht leiden, sagt Rose.

Neben den Theaterwerkstätten eine Backwarenfabrik noch aus der Zarenzeit. Ich übertreibe nicht. Eine quietschende Mechanik läßt die handgedrehten Teigklumpen im Backofen rotieren. Hin und wieder wird von Hand ein Hader über das langsam bräunende Backwerk gezogen. Andächtig schauende weißbemützte Bäckerlehrlinge. Betriebsbesichtigung – nicht eines Museums, sondern eines Musterbetriebes. Rose sagt, das mit dem dreckigen Lappen hätte sie nicht gewußt, und nun würde sie keine Milchsemmeln mehr essen.

Wir meinen, das verbäckt sich.

Mittags in einem Restaurant, wo die Stühle ganz kurze Beine haben. Ich halte das für einen Kompromiß zwischen kasachischem Teppichsitz und den Gewohnheiten der anderen hier lebenden Nationalitäten. Wir essen eine sehr gute kasachische

34

Suppe. Al dente gekochte Nudeln aus hiesigem weltweit hochgeschätztem Weizen, Brühe aus Hammelfleisch.

Am Nachmittag drehen wir auf dem Basar. Ein guter, für uns sehr ergiebiger Ort. Heiner ist mit Hingabe bei der Arbeit. Schöne Gesichter. Die bunte Vielfalt Europas und Asiens. Nur die dunkle Hautfarbe fehlt. Eine blauäugige Familie, Vater, Mutter, Kinder blond, daneben ein usbekisches Pärchen, Kasachen, Türken, Koreaner. Ich sehe, wie die Kinder miteinander spielen. Sie gehen in gemeinsame Schulen. Heute werden die Russen nicht mehr so sehr bevorzugt wie früher. Damals war es gut, ein Russe zu sein. Mit 16 Jahren dürfen sich Kinder, die ein nichtrussisches Elternteil haben, entscheiden, welche Nationalität sie annehmen wollen. Früher haben fast alle Kinder die russische Nationalität gewählt. Deutscher wollte niemand sein. Das war eine große Schande. So hat es uns Sascha erzählt. Sein Vatersname Karlowitsch wäre für ihn ein Fluch gewesen. Faschist, sei er beschimpft worden. Einmal habe er versucht, sich einen anderen Vatersnamen zu geben. Nikolajewitsch habe er auf seine Schulhefte geschrieben.

Die einmal angenommene Nationalität könne man nur in ausführlich begründeten Fällen wechseln, vielleicht auch mit ordentlichem Bakschisch.

Wir drehen die alte Moschee. Heiner wartet, ob sich vor dem Gemäuer etwas ereignet. Kommen. Gehen. Irgendein Zeichen islamischen Lebens.

„Nicht kümmert sich der Herr um euch, wenn ihr ihn nicht anrufet...“ So lese ich in meinem Reclam-Koran, Printed in the German Democratic Republic 1968.

Ich setze mich unter einen Baum auf ein Bänkchen. Ein kleiner alter Mann tappelt, auf einen Stock gestützt, herbei, pflanzt sich neben mich, schwatzt, schwadroniert, dreht seinen dünnen Kalmückenbart. Ich sitze auf seinem Stammplatz. Ein zweites Zwerghähnchen kommt hinzu. Ich rücke beiseite, versuche, mich in ihr Gespräch einzumischen, doch ich bin für die Männer nun nicht mehr vorhanden. Ich bin Luft.

Die Kathedrale. Im Park die Schachspieler. Junge Russen bolzen einen Ball hin und her. Leben in Alma-Ata. Der Alltag. Beobachtungen, die wir im Film unterbringen müßten, weil sie zu uns gehören und zu einem ehrlichen Tagebuch. Wie aber steht es mit Daniel?

Wir fahren zum Fernsehstudio. Wir wollen endlich mit dem Tagebuch beginnen. Mit den Metern des ersten Tages, der Bahnfahrt in Richtung Kasalinsk.

Kein Blick mehr für Parkgrün und Repäsentationsgebäude. Fahrstuhl. Zimmer des Verwaltungschefs. Der sitzt hinterm Schreibtisch, äugt zu seinem Dienst-Fernsehapparat, wo eine Debatte des Obersten Sowjets abläuft. Wer weiß, was die Zukunft diesem Land und vor allem ihm persönlich bringen wird. Ihm als Russen hier in Kasachstan. Für uns hat er die Botschaft: Kein Drehen in Kasalinsk, Ksyl-Orda, keine Aufenthaltsgenehmigung für Aralsk, für den Aralsee. Wir sitzen da wie die Mainzelmännchen, stammeln einen höflichen Protest über den schwarzen Schreibtisch. Die Dame von der Auslandsabteilung wird herbeigebeten. Sie versucht, uns den Schwarzen Peter anzudrehen. Wir hätten uns nur durch ein ungenaues Interesse am Zustand des Aralsees eingeführt. Wir versuchen, den Dingen auf den Grund zu gehen. Erklären nochmals unsere Absichten. Selbst wenn es so wäre, wie die Auslandsdame behauptet – was Fernschreiben und Visum-Eintragungen widerlegen –, auch dieser Aralsee-Drehort soll uns ja nun verwehrt werden. Der Verweis auf unsere Visa – Herbert wirft sie auf den Tisch – weicht das harte Nein auf. Der Chef und die Dame beäugen die Papiere. Verwunderung. Eine neue Lage. Wenn eine Dienststelle der Botschaft die Orte auf rosa Dokumentenpapier drucke, so sei das gewichtiger als eine Auskunft örtlicher Behörden. Morgen, heißt es; werden wir die endgültige Entscheidung der Oberen, d. h. des KGB, erfahren...

Am Abend sind wir bei Alexander Hahn eingeladen. Wir drehen den Gastgeber, die Gäste. Den Schauspieler Jacob Kühn, Valentina Bolz, die Übersetzerin, und Rose, die Dramaturgin. Leute, die wir vom Theater her kennen.

Gespräch mit Alexander über seine Eltern, die von der Wolga nach Karaganda und dann nach Workuta umsiedeln mußten. Leider bringe ich Alexander nicht konzentriert auf diesen Weg. Er hat mir vor dem Drehen schon viel erzählt und verliert sich bei laufender Kamera allzusehr in Nebengeschichten. Ich wollte unbedingt auf das Stichwort Workuta hinaus. Das weist auf meinen Daniel. Alexander kennt übrigens einen alten Schauspieler, der kannte das Phantom von Daniel, den Schauspieler Damerius. Der Alte lebt heute in Moskau. Ob ich ihn sehen möchte? Ich fürchte, diese Spur brächte mich zu nahe an das Vorbild. Ich aber versuche, indem ich mich den Örtlichkeiten nähere, zugleich Abstand von den Vorbildern zu bekommen. Mein Daniel lebt schon ohne Damerius. Die Theaterleute hier in Alma-Ata sind mir gerade recht. Meine Lieben, ihr seid mir gerade recht. Diensthabender amtierender Chefregisseur, Sie haben ein vorzügliches Warenje gekocht.

Diese Wohnung mit ihren Nachbarn ist ein Nest. Das Neubaugeviert ein Refugium. Hier begegnen sich Schauspieler und Musiker, Mitarbeiter an der Uni, Bibliothekare samt der älteren, meist aus der Landwirtschaft oder dem Handwerk stammenden Generation. Die Mütterchen, die Väterchen von denen, die in den siebziger Jahren auf Hohe Schule gehen durften.

Die Alten sitzen meist bis weit in die Dunkelheit vor den Haustüren. Ich rede mit ihnen, horche auf ihr „Wolgadeutsch" und kann etwas besser nachfühlen, wie der Verbannte die sieben Jahre Kasalinsk hat aushalten können. Ich sehe das Netzwerk der Beziehungen. Die guten, die gefährlich bösen Haltestricke.

Thema Übersiedlung. Es ist das alles durchdringende, alles umspannende Thema. Das Generalthema. Wer hat noch keinen Antrag gestellt? Unter den Theaterleuten finden sich einige. Rose: Ich bleibe mit Vorbehalt. Alexander: Ich liebe meine Arbeit, und solange ich die habe... Sie schauen den Antragstellern mit gemischen Gefühlen zu. Sie fürchten, sie könnten die Letzten sein, die Letzten und damit die Dummen, die „im Reich" keiner mehr haben will. Sie wollen aber auch nicht dem Sog der Masse folgen oder gar einer Hysterie unterliegen. Deswegen heben sie als Zurückbleibende das Haupt, zeigen die Stirn, versuchen einen märtyrerhaften Blick. Wir bleiben Herr über uns selbst. Wir werden eines Tages entscheiden. Ein Visum zur Grenzüberschreitung, soviel wissen wir schon, ist kein Garantieschein für Glück.

Der Mond steht über den Ausläufern des Tienschan. Schnee blinkt in den Gipfelkämmen. Weißt du, wie ferne du bist? Nur wenige Kilometer hinter den Bergen liegt die chinesische Grenze.

Leider sind meine Handwerker mit wenigen Einstellungen zufrieden. Sie halten den Ort, die enge Wohnung, das Palaver der Alten im Hof für nicht ergiebig. Es wäre Zeit, meinen sie, in ein Restaurant zum Essen zu fahren. Ich sehe entgeistert, wie sie die Kamera einpacken. Die Tische hier sind liebevoll mit Kuchen und Salaten gedeckt. Alexander hat Warenje gekocht, Rose, Valentina haben Suppe mitgebracht. Alles für uns.

25. Juni

Frühstücksverständigung. Es ist, milde gesagt, ein heikles Unternehmen, mit drei Herren im Alter von 55, 35 und 25 Jahren zu reisen. Wobei der Jüngste, der mein Kleinster zu Hause sein könnte, noch nicht voll ins muselmanische Gehabe seiner Geschlechtsgenossen hinein gewachsen ist. Noch sucht er die Mutter,

erinnert sich jedoch ausschließlich an Vaters Helden-
taten. Redet vom Daddy, was der für ein Tausendsassa
ist zu Hause. Er wird also nächstens auf die starke, die
Männerseite, wechseln – Gruppenverhalten. Für
Psychologen ein gefundenes Fressen. Für mich ein
Härtetest.

Ich weiß, die Konfrontationen könnten noch hefti-
ger sein, sie könnten unausstehlich werden. Ich will
durch Zurückhaltung glätten. Zur Führerrolle in dem
Häuflein fehlt mir der Wille und die Vorstellung,
außerdem bin ich mit meiner Aufgabe so verbunden,
daß ich gleichsam in ihr stecke. Was diesem Film nützt,
tut mir gut.

Eintrittskarten für die Türkische Sauna gekauft.

Straßenszenen gedreht. Das Parteigebäude – nach
Widerstreit mit meinen Künstlern, die die Ästhetik der
Einstellung nicht sehen. Den Geist des Betons. Sie
suchen Exotik und Schönheit, dem Zuschauerauge
zuliebe und, wie sie sagen, um die Menschen hier nicht
zu verletzen. Wißt Ihr, daß Ihr mit diesem Blick unseren Zensoren gefallen hättet?

Fahrt, um die Stadt mit den Bergen im Hintergrund
zu drehen. Falsche Beleuchtung. Es ist ein Abend-
motiv.

Zurück zum Fernsehstudio. Der Direktor macht
gute Miene. Alle Verbote sind dank unserer Papiere
hinfällig. Kein Scharlach, keine Verstrahlung, kein
Umweltgift, keine militärischen Geheimnisse mehr.

Dafür sind die Flugpreise über Nacht doppelt so
teuer geworden. Ein Inlandflug von Alma-Ata nach
Aktjubinsk kostet pro Nase 440 Mark.

Nach dieser neuen, glücklichen Wende verlangen die
Buben ein Mittagessen, nicht in der Fernseh-Kantine,
ein Restaurant soll es sein, in dem es kasachische
Nudelsuppe gibt und Wein. Wir suchen das bewährte,
wo man draußen sitzen kann. „Auberger" nennen wir
das Lokal, weil wir uns hier zu Hause fühlen. Stamm-
gäste, wie Herbert in seinem „Auberger" in Bayern.

Das Grillhuhn wird gelobt, der Wein aber hat sich von vorgestern auf heute unter altem Namen in einen schweren süßen Cherry gewandelt. Ich nehme mit einem großen Kaffee an der Tischrunde teil.

Wir übergeben Sascha unsere Pässe und Flugtickets. Er soll alles weitere besorgen und auch den Rückflug von Alma-Ata nach Moskau einen Tag vorbuchen. Warum? Meine Begleiter werden Gründe haben. Und ich habe im stillen nichts dagegen. Sascha macht sich auf den Weg.

Petja chauffiert uns zum Stadtrand. Wir wollen Kamele sehen.

Keine Kamele, dafür Ziegen, Schafe, Esel. Motiv: Frauen bei der Feldarbeit. Sie hacken Tomatenpflanzen nieder, vereinzeln nennt sich das unter Gärtnern. Um die Szenerie von oben zu drehen und eventuell einen Blick auf die Stadt zu gewinnen, fahren wir einen Hügel hinan. Gelangen auf einen Großfriedhof, wo Moslems und Christen in Nachbarschaft bestattet liegen. Leute, die Gräber pflegen, Familienclans, die an islamischen Grabstätten bauen. Kuppeln, Türmchen mit Halbmonden drauf. Der Halbmond auf dem Grab zeigt an, daß der Verstorbene vor Allah in besonderen Gnaden steht. Tatsächlich, manche Kuppeln sind ohne Mond.

26. Juni
Zum Frühstück scheint für uns noch die Sonne. Wir erzählen uns unsere guten Träume.

Gestern abend hatten wir das im Zentrum von Alma-Ata gelegene Türkische Bad besucht. Eine gute Einrichtung. Schon die Architektur des Gebäudes verhieß in aller Strenge einen Kult- und Vergnügungsplatz. Zwei große Kuppeln und geheimnisvoll fensterloses Gemäuer. Freitreppe. Ich schwenkte ab zu den Schenschtschinas. Zwei Schlüsselverwalterinnen. Eine gab mir ein großes Laken, die andere führte mich in einen Raum mit numerierten Schränken. Sie wies mir eine Nummer zu. Ich warf mein Zeug in den Schrank, auch meine Rubelbatzen und den Beutel mit den Spesen. Alle Habe. Und wie weiter? Nackt, mit meiner Wasserflasche im Arm, die mitzunehmen mir Sascha dringend empfohlen hatte, wanderte ich im Abenteuer weiter voran. Ins Innere einer dieser Kuppeln. Dort befand sich im Zentrum eine runde marmorne Plattform. Die Kljutschmama hatte mich wieder freundlich an die Hand genommen. Sie zeigte mir, wo ich mein Waschzeug hinlegen konnte, und nahm mir die Flasche ab. Die brauchte ich nicht. Ich sollte mich nun für eine Zeit auf den Marmor legen. Ich gehorchte. Lag wie ein einsamer Uhrzeiger. Dachte an meine Rubelbatzen und Kleider. Zwei junge Mädchen, über Bottichen gebeugt, die zwischen den Säulen auf den Marmorbänken standen, wuschen ihre schönen braunen Körper und ihr schwarzes Haar, duschten und seiften sich gleich noch einmal, schäumten mit einem Schwamm, die schlanken Arme, die Beine, den Hals, die Ohren. Emsig, wie Vögel in einer Regenpfütze.

Nach guter Zeit rückte ich weiter, auf das zweite „Sofa", das sich im äußeren Ring hinter den Säulen befand. Ein Marmorgeviert. Neben mir lag eine Frau mit ihrer Enkelin, einem zwölfjährigen Mädchen. Ein schönes Kind, das in einem rührenden Russisch mit mir sprach. Sie fragte mich nach den deutschen Kindern, sah mich ungläubig lächelnd an, als ich erklärte, daß meine Kinder für ihre Kinder in Deutschland kein Schulgeld zahlen müßten. Wenigstens dieses Privileg des Sozialismus schien immer noch populär zu sein. Die Großmutter erzählte mir, daß sie sechs Jahre in Jüterbog gelebt habe. Dort sei ihre Tochter, die Mutter des Mädchens, geboren. Potsdam kenne sie ganz gut.

Ich, im äußersten, dem östlichsten, Winkel von Kasachstan: es war nichts zu machen, ich konnte kein

Fremdling sein. Ich hatte wieder einmal sämtliches Gefühl für Entfernungen verloren.

Komm, rief mir die russische Großmutter vom dritten Sofa her zu. Komm. Ich nahm mein Laken und folgte ihr und ihren Geschichten aus Jüterbog, die sie mir in einer Knoblauchwolke auf wechselnden Sofas vortrug.

Zum Schluß gab es noch eine knochenknackende Massage. Eine leichtgekleidete, blonde Masseuse nahm mich mit starker Hand in ihre Zigaretten- und Knoblauchwolke. Doch ihr Russisch war lieblich, wie das der Enkelin. Einschläfernd schön. Hingeworfene Worte. Einfache Befehle: Kopf, Hände, Arme, Beine.

Sie hatte das Geld, das ich ihr gegeben hatte, in kleinere Scheine gewechselt und auf die Marmorstufen gelegt. Es war viel, viel mehr als der Preis fürs Kneifen und Walken... Die Masseuse griff durch. Zum Schluß trat sie mir dreimal ins Kreuz. Frau, dein Geld. Frau ließ das ganze Geld liegen. Großzügig oder vergeßlich. Es kam nicht drauf an. Frau ging, war in Eile, weil die anderen schon warteten. Die hatten für um acht das Essen bestellt. Zum zweiten Mal heute „Auberger".

Frau aß Kaviar und trank Sekt. Weil es keine Nudelsuppe mehr gab.

Frau schlief trotzdem sehr gut.

Träume erzählen. Ich war in Jüterbog Pilze suchen, sagt Bernd. Wie kommst denn du im Traum nach Jüterbog? Schließlich hat *mir* gestern jemand von Jüterbog erzählt... Wir rätseln über Weltendinge und trinken drei Krüge Tee.

Nach dem Frühstück sehe ich in der Hotelhalle unseren Sascha telefonieren und Miene machen. Erst ein verblüfftes Fragezeichen, dann ein verzweifeltes Nein. Es geht um die Flugtickets nach Aktjubinsk, die sind uns für heute fest versprochen. Was auch für die Städte Aralsk und Kasalinsk an neuen Anweisungen kommen möge, wir wollen nach Aktjubinsk fliegen. Das haben wir unter uns beschlossen. Dem Fernsehdirektor Vogel – ein Russe trotz seines deutschen Namens – gegenüber wollen wir uns so verhalten, als sei uns nun schon Aktjubinsk ein brauchbares Ziel. Unser Charme und unser Geld, so rechnen wir im stillen, würde uns an Ort und Stelle gewiß weiterbringen. Wir kaufen im Devisenladen des Hotels achtzig Liter Wasser in Plastikflaschen. Italienisches Mineralwasser. Damit hoffen wir, Hitze und Seuchen zu überstehen.

Nun bekommen wir zu hören, daß man keine Flugtickets für uns besorgt hat. Alles ausverkauft. Maschin kaputt. Ohne weitere Erklärung.

Warum dürfen wir nicht selbst zum Reisebüro gehen?

Geht hin, heißt es nun.

Wir fahren hin, finden im Foyer des Reisebüros schon den Vertreter des Fernsehens, einen jugendlich drahtigen Kasachen. KGB, murmelt uns jemand zu. Das ist uns kein Geheimnis mehr. Wir werden aus der großen öffentlichen Verkaufshalle in ein Hinterzimmer geführt. Dort sitzt eine Dame vor mehreren Telefonen. Sie erklärt uns, vor 12 Uhr wisse sie nichts. Um 12 Uhr sei Mittagspause. Also 14 Uhr.

14 Uhr 30 erfahren wir: Heute keine Tickets, erst am 1. Juli.

Über den Nachmittag hin gibt es noch eine kleine Spielerei. Der Fernsehdirektor hatte versprochen, für uns seine privaten Kanäle anzubohren. Ein Spiel, uns zum Schein, wie wichtig er ist und wieviel er für uns wagt. Wir bauen sämtliches Gepäck, zum Absprung bereit, in einem unserer Hotelzimmer auf. Sitzen vor dem Telefon und warten auf die Stunde des Anrufs. Erstes Telefonat: Bitte eine viertel Stunde später anrufen. Zweites, drittes: die nämliche Auskunft. Nichts, bis es zu spät ist. Bis wir das Flugzeug nicht mehr erreichen können.

Wir zwischen unserem Mineralwasser. Genasführt. Wir haben die ganze Telefonarie mit der Kamera festgehalten.

Zwischen unserem Gepäck lümmelnd, fangen wir wieder an, nach Gründen zu fischen. Warum läßt man uns nicht in die Gegend, wenigstens in die Nähe von Kasalinsk? Wir hatten mit einigen Leuten darüber gesprochen. Manche sagten, dort befände sich das wichtigste Raumfahrtzentrum, eine Raketenbasis. Andere, Mitglieder eines Türkisch-Kasachischen Ärzte-Komitees, sagten, dort sei die Pest ausgebrochen. Die Wasserversorgung sei katastrophal. Dafür haben wir ja vorgesorgt. 80 Liter italienisches Wasser gekauft. – Andere, Mitglieder der Organisation Nevada-Semipalatinsk, die zur Zeit hier im Hotel wohnen, meinten, die unterirdischen Atomtests hätten auch diese Gegend verstrahlt.

Schlaue Erkenntnis: Was auf dem Visum steht, hat nichts zu bedeuten. Es ist nichtig. Ein Wisch.

Wir beschließen, morgen nach Taldy-Kurgan zu fahren. Dort würden wir das Ensemble des Deutschen Schauspieltheaters treffen. Mit dem wollten wir auf die Dörfer gehen, zusehen, was sich dort tut. Haben wir uns damit von Kasalinsk und von der Absicht, die deutschen Schmerzpunkte einmal beiseite zu lassen, verabschiedet?

Kasalinsk sollte doch ursprünglich der Angelpunkt unseres Films sein.

Die Strudel der Gebote und Verbote, doch auch unsere eigenen Interessen haben uns jetzt auf ein neues Ziel, einen zweiten Angelpunkt, hingelenkt. In der Ferne Asiens, weit hinter dem Ural, hinter den Hungersteppen, dort, wo die Erde wieder grün wird vom Wasser, das von den Bergen, dem Tienschan oder den wolkenhohen Zügen des Alatau, kommt, vermuten wir ein Zentrum künftiger politischer Probleme. Deutscher Probleme zumal.

Ehe wir das Konzept neu gesattelt hatten, in der Wartepause bis zur Affenszene mit dem Telefon, besuchten wir das Konservatorium von Alma-Ata. Dort haben wir der Welt besten Dombaspieler gedreht. Nur Domba. Der herbeizitierte Sänger nahm unseren Mutwillen achselzuckend, mit einem verwunderten Lachen. Erkläre mir die Welt. Schneller, als er gekommen, war er von der Bildfläche wieder verschwunden. Hätten wir nicht wenigstens ein Lied aufnehmen sollen? Als künftige Filmmusik? Immer muß alles ganz schnell entschieden werden.

In den Fluren herrschte Aufregung. Prüflinge saßen auf den Bänken. An der Wand die Besten-Galerie. Daneben, geschmückt mit dem Stengel einer weißen Lilie, das Bildnis eines Jungen. 1962 geboren, 1982 im Afghanistankrieg umgekommen.

Zum Abschluß dieses aufregenden Tages fahren wir in ein Bergrestaurant. Dort, endlich, begegnen wir einem richtigen Kamel. Es steht da wie ein deutsches Wirtshausschild und beschnuppert, beniest und bespuckt die Gäste. Wir sitzen draußen und können beim Essen zusehen, wie die Nacht in die Berge fällt. Drinnen gibt es Tanz. Manchmal wehen Röcke und Düfte an uns vorüber. Die Männer drehen die Köpfe. Es wird kalt hier, befinden sie. Doch drin ist einfach kein Platz mehr zu finden.

27. Juni
Wir brauchen zwei Fahrzeuge, um unser Gepäck, dazu noch das Mineralwasser, unterzubringen. Sämtliche Sachen haben wir noch vor dem Frühstück in die Hotelhalle bugsiert.

Auf meinem Zimmer erreicht mich ein Telefonat. Ein Herr möchte mich dringend sprechen. Wir verabreden uns im Restaurant. Erkennungszeichen. Ich – Zopf. Er – kleine Augen, er sei Kasache.

An unserem Frühstückstisch stellt er sich vor. Er sei Arzt, sei hier geboren, arbeite in Heidelberg und sei Stellvertretender Leiter der Organisation „Nevada-Semipalatinsk gegen den Atomtod". Betroffene der beiden Regionen, in denen unterirdische Atomwaffentests durchgeführt werden, haben sich zusammengefunden, um gegen die Tests zu protestieren und den Geschädigten zu helfen. Er erzählt uns sehr engagiert von der Arbeit dieser Organisation. Er versuche, den hiesigen Krankenhäusern zu helfen, die vielen kranken Kinder zu betreuen. Er habe einige Kinder in Krankenhäuser nach Westeuropa bringen können, doch der bessere Weg wäre, die Kinder hier medizinisch zu versorgen. Jetzt zeigten sich die Folgen der Versuche vor ein paar Jahren. Die Organisation kämpfe für eine absolute Sperre, für ein Verbot sämtlicher unterirdischer Experimente mit spaltbarem Material.

Er will sich kraft seiner Funktion dafür einsetzen, daß wir doch noch die Erlaubnis bekommen, in die Gegend von Kasalinsk zu fahren. Wir glauben ihm alles, nur daß sein Einfluß ausreichen könnte, Kasalinsk für uns aufzuschließen, daran glauben wir nicht.

Während wir auf unseren Kisten sitzen und auf die Autos warten, mit denen wir uns auf den Weg nach Taldy-Kurgan machen können, um endlich dieser neuen Spur zu folgen – wir mit unseren Kameras und unseren Vorstellungen wollen in Landschaft und ins Leben –, kommt der Heidelberger Arzt mit den kleinen Augen und drückt mir eine Telefonnummer in die Hand. Eine gewisse Galia beim Stadtsowjet solle ich anrufen. Sagts und steigt mit seinen Leuten in einen Bus. Sie brechen in dieser Minute auf nach Karaganda.

Ich versuche die Nummer. – Galia meldet sich. Sie will sofort ins Hotel kommen, um noch vor unserer Abfahrt nach Taldy-Kurgan mit uns zu sprechen.

Wir sind mißtrauisch. Wir beschließen, was auch kommen mag, die Fahrt nach Taldy-Kurgan nicht fallenzulassen. Alle Versprechen dürfen nur der Zeit danach gelten.

Galia kommt. Sie erklärt, leider sei mit dem hiesigen Fernsehen alles falsch gelaufen. Man hätte sofort zu ihr Kontakt aufnehmen müssen. Während wir noch reden, treten zwei Herren auf uns zu. Sie kämen von Ali, dem Heidelberger Arzt. Er habe sie über unsere Wünsche in Kenntnis gesetzt. Sie würden unsere Reise nach Aralsk vorbereiten. Das läge nicht sehr weit von Kasalinsk entfernt. Einer der Männer würde uns begleiten. Sie schlagen eine Fahrt mit der Eisenbahn vor. Um Tickets müßten wir uns nicht kümmern, auch Unterkunft und Fahrzeuge würden sie beschaffen. Ihre Organisation heiße „Capagat".

Aksakal, der Mann, der uns begleiten will, ist der Vizepräsident. Die Organisation setzt sich für die Rettung des Aralsees ein.

Wir verabreden, daß ich Galia von Taldy-Kurgan aus anrufen werde, um zu hören, ob sich diese neuen Pläne verwirklichen lassen. Gewiß, das klappt, sagt Galia zum Abschied. Sie spricht ein gutes Deutsch und lächelt aus schönen, koreanisch geschnittenen Augen.

Wir kneifen uns, so überraschend ist die Wendung der Dinge. Der geplante Filmanfang gerät uns so vielleicht an den Schluß. Warum nicht? Wir sehen plötzlich wieder Land. Mit der Vorstellung läßt sich umgehen. Da könnte ein Schuh bzw. ein Film draus werden.

Von den Neuigkeiten verraten wir Sascha nichts. Meine klugen Buben haben inzwischen die Befürchtung, daß er die Spiele der Bremsklötze mitgespielt hat. Zumindest soll er jetzt nicht in Versuchung geführt werden. Seine Probleme sollen nun nur die Autos sein, die uns auf die Strecke zum Deutschen Schaupiel-theater bringen sollen. Einer Zwischenstation, der der Aralsee folgen soll, wie wir seit einer halben Stunde mit neuem Kinderglauben hoffen.

Gegen Mittag stehen zwei Autos vor dem Portal. Als wir unsere Kisten einladen, stellt sich heraus, daß sich die Fahrer nur für eine Nachmittagsfahrt in der Stadt eingerichtet haben. Wieder warten. Endlich Start. An der Stadtgrenze wirft unser Fahrer Petja die Kippe aus dem Fenster, er wiegt den Kopf, ihm ist eingefallen, daß das Benzin für die Strecke nicht reicht. An der Tankstelle Chaos. Der moderne zentrale Zähler der zwölf Zapfsäulen funktioniert nicht. Handbedienung unmöglich. Laster rangieren. Krankenautos drängeln. Fahrer spucken und schimpfen, rotten sich zusammen. Schließlich scheint es an einer Stelle vorwärts zu gehen. Die Tankwartin arbeitet mit Hammer und Schraubenschlüssel. Ihr wird der Hahn aus der Hand gerissen. Jemand zerrt den Schlauch zum eigenen Tank. Einer stopft den Hahn in seinen Kanister. Breite Kerle wachen davor. Großes Gebrüll. Die Frau rennt kopflos davon. Die Kerle haben das Kommando übernommen. Plötzlich rangiert unser Auto, der Hahn steckt in unserem Tank. Sascha hat die Aktion aus dem Hintergrund mit einigen guten Scheinen in die Wege geleitet. Als ich mit den Wartenden ein paar Worte wechseln will, sagt Sascha:

Bitte nicht, die Menschen sind böse.

Tatsächlich, ich kann grade noch ins Auto springen, da geht die Keilerei los. Sie werfen Klamotten hinter uns her.

Fünfstündige Fahrt in nordöstlicher Richtung. Hinter Alma-Ata beginnt bald die Steppe, nichts als graubraunes Hügelland. Disteln. Reste von Autoreifen. Plötzlich Eisenbahngleise, plötzlich nichts mehr. Manchmal eine Bushaltestelle am Straßenrand, Wand und Dach Betonelemente, kilometerweite Neuzeit.

Schaschlikbratstände. Laster parken. Auch wir halten an. Die Fahrer Petja und Slawa trinken und knuspern das Hammelfleisch von den Spießen. Danach gibts Ärger mit Slawas Auto. Es will nicht mehr. Großes Rätseln. Wasser in den Kühler und neuer Versuch. Ächzend und krachend die ersten Meter, dann weiter mit angelegten Ohren und Daumendrücken durchs große Sowjetland.

Steppe. Dann ein Stausee. Die aus dem Alatau kommende Ili wird hier von Staudämmen aufgehalten. „Erholungsgebiet" steht an der Straße. Etwas Grün. Bewässerungsanlagen. Kleine Rinderherden. Schafe. Reiter. Schließlich Weizenfelder. Goldenes Meer in der Abendsonne. Rote Erde. Hügel. Einfahrt in die Stadt. Fragen nach der Gostiniza. Sascha hat Sorge, daß wir keine Unterkunft finden könnten. Er schweigt – in böser Vorahnung. Wir aber zeigen Vertrauen. Nur Mut, Sascha, Gottvertrauen. Halten vor einem Gebäude mit einigem Gepränge. Betonbeckenfontäne, Betonkästenrosen, Betonbänke – rote Leuchtschrift im milden Abendlicht.

Ich richte mich ein in meiner Spelunke. Das Bad – ein Trog in einem dunklen Verlies, darin beim Anknipsen der Glühbirne das in der feuchten Wärme und im Dreck meiner Vorgänger schlummernde Leben sogleich mannigfach erwacht. Solche Käfer habe ich noch nie gesehen. Ich beschließe, die neue Umgebung mit Interesse anzunehmen. Ich denke an meinen Daniel/Damerius. Der war in schlimmere Umstände gekommen und sah nichts vom Ende der Zeit, die er bleiben mußte. Ich habe mein grünes Kissen, manchmal warmes Wasser und Mineralwasser zum Trinken. Ich breite saubere Handtücher aus. Stelle eine Salbe hin und ein sauberes Glas. Wische den Tisch ab, lege darauf mein Schreibzeug, die Zeitung, die Landkarte. Denke darüber nach, was ich tun würde, wenn ich hier länger bleiben müßte. Die dreckigen Vorhänge würde ich abnehmen. Nur daß es von der Küche im Parterre so fürchterlich stinkt, daran müßte ich mich gewöhnen.

Wo stehen die Menschen hier? Das Personal? Sind die Putzfrauen schuld, daß es in meinem Zimmer so dreckig, klebrig, staubig, häßlich aussieht? Oder ist das eine ebenso blöde Frage, wie sie die von drüben beim Ostbesuch immer stellten: Warum kauft ihr nicht mal ein bißchen Farbe? Damit wäre doch schon viel geholfen! Ihnen – ihrem Auge wäre geholfen. Sonst keinem.

Wir wissen längst, daß die Katastrophe woanders schwelt. Der geruchlose unsichtbare Schmutz, das weder schöne noch häßliche Nichts bringt uns um den Verstand, um das Empfinden und am Ende ums Leben. Da hilft kein Fensterstreichen. Kein Mauer putzen. Waschen und scheuern. Außerdem: hier gibt es seit Wochen keine Seife. Defizitware. Das bißchen Waschpulver werden wir nicht in der Gostiniza verpulvern, das hilft uns zu Hause über den gröbsten Dreck weg.

Was wird zu retten sein vom Sowjetparadies?

Kommunismus, das ist Sowjetmacht plus Elektrifizierung des Landes. Der Spruch fiel mir unterwegs ein. Ich kann mit eigenen Augen sehen: Überlandleitungen führen die Elektrizität in die Steppendörfer bis in die kleinsten Ansiedlungen. In die Bergesklüfte und zu den Hütten auf den Gipfeln ziehen sich Drähte. Licht, Wärme und Kälte, Musik, Neuigkeiten und Unterhaltungsbilder nehmen ihren Weg.

Was ist besser, eine kaputte Glühbirne oder sauberes Wasser, klar und blau und unverstrahlt, wie es von den Bergen kommt? Du sagst, das ist keine Alternative. Das sollte ja gerade der Witz sein.

Lach doch, auch wenn es nur wahr ist. Glühbirnen. Defizitware.

In Kasachstan waren die Nationalitätenkonflikte, die nun allerorten zutage treten, zuerst zum Ausbruch gekommen. Anlaß war die Berufung des Russen Kolbin zum Präsidenten, nachdem der Kasache Kunajew aus Altersgründen zurückgetreten war. Es gab Demonstrationen, Schlägereien auf dem großen Platz vor dem Parteigebäude. Heute sitzt wieder ein Kasache im höchsten Amt: Nursultan Nasarbajew.

Man kann allerwärts Gutes über ihn hören und lesen. Ein schlauer Fuchs sei er, der frühere Ingenieur aus einem Metallkombinat der Stadt Karaganda.

Einzelheiten zur Politik und zu den Wirtschaftsprogrammen bekommt man von den Leuten nicht zu hören. Was zählt ist die Straße, die Praxis. Die Brotfabrik. Wurst. Fleisch. Der Privathandel auf dem Basar und der kleinere um die Ecke. Die Korruption in den Ämtern.

Die Spannungen zwischen den Nationalitäten werden in der Öffentlichkeit unter der Decke gehalten. Im privaten Gespräch hagelt es Vorwürfe. Die Russen sagen: Wir haben diesem Land, den Kasachen, alles gegeben, Städte gebaut, Industrie angesiedelt, das Gebiet elektrifiziert, und nun wollen sie uns nicht mehr haben.

Die Titularnation sagt: Ihr habt die Umwelt zerstört, uns aus den Bergen und aus der Steppe vertrieben, wo wir mit den Herden lebten und mit den Tieren wanderten. Die Jurte aus Holz, Kamelhaar und Leder war unser Zuhause. Die Flüsse führten reines Wasser. Nun leben wir im Beton, die kasachische Erde ist kontaminiert. In manchen Gegenden von Kasachstan steigt die Kindersterblichkeit, steigt die Zahl der kranken Kinder mehr als an anderen Orten in der Welt.

Abends im Restaurant scheinen die jungen Leute alle Spannungen wegzutanzen. Die Hitliste aus Moskau wird abgearbeitet. Wild unter dunkelbunter Beleuchtung. Nationalitätengemisch. Doch beim genaueren Hinsehen wirst du gewahr, daß man unter sich bleibt. Tisch mit Koreanern. Tisch mit Russen. Hin und wieder mal ein Versuch, bei einem Mädchen des Nachbartisches zu landen. Wir sitzen beim Abendessen und schauen zu. Zwei durchwachsene Blondinen nutzen einen harten Rock, um sich vor uns zu präsentieren. Über Sprachmittler gehen direkte Angebote an alle drei Herren. Die aber zieren sich.

Bernd hat sich eine liebe, blonde Dewuschka ange-
lacht. Eigentlich gehört sie einem Easternhelden aus
Heilbronn. Besagter Held sitzt mit dem blonden Kind
und einer dunkelhaarigen Dame im schwarzen Glitzer-
kleid und Modebrille an unserem langen Tisch. Er baut
seit einem Jahr in der Sowjetunion Backstraßen auf für
Partygebäck – Salzstangen, Mohncrackers, Paprika-
ships aus gutem kasachischem Weizen, gemacht von
guten Heilbronner Maschinen. Denk dran, wenn du
knusperst. Das Zeug kommt von hier. Er reckt die
Brust. Sitzt wie Jesus beim Abendmahl.

Ein wunderbares Land. Wunderbar. Einfach schön.
Mit uns – seinen blauäugigen, vorsichtig kauenden
Landsleuten – spricht er deutsch. Sonst drückt er sich
in einer Sprache aus, die er für Russisch hält.

Poschallusta. Bernd darf mit der Blonden tanzen.
Kaneschno. Der Held nimmt den Arm gönnerhaft von
den Schultern des Mädchens. Gibt es frei. Die
Schwarze schneidet ihm das Lammkotelett zurecht.
Schmeichelt. Schpasibo, sagt er, daß wir es alle hören.
Zum guten Geld auch noch gute Figur, galante
Manieren.

Unsere neidische Losung heißt, keinen Sekt mehr
für diesen Lümmel. Wir bewachen die Flasche.

Petja und Slawa, die beiden Kraftfahrer, haben sich
Wodkaflaschen gegriffen und über die Stunden hin
niedergemacht. Sascha am Ende des Tisches hebt ab
und zu den Zeigefinger, rollt in der Tiefe des Abends
die Augen. Er selbst schluckt nicht schlechter. Beim
gemeinsamen Aufbruch schleppen die beiden Fahrer
je ein weißes Fläschchen hinter sich her.

Taldy-Kurgan, 28. Juni.
Das Malheur ist fertig. Petja und Slawa liegen in ihren
Zimmern. Sascha sagt: Wie tot sind die.

Wir sind heute erst für 10 Uhr zum Frühstück verabredet, denn wir wollen ja heute aufs Dorf, die

52

Abendvorstellung und das Drumherum drehen. Wir freuen uns auf die Arbeit. Woldemar, der Theaterchef, hatte uns gestern begrüßt. Er hatte uns das Programm der nächsten Tage gezeigt, wann sie welches Stück spielen werden. Es paßte uns wunderbar. Wir mußten nur dem Spiel des Lebens folgen.

In der halben Nacht hatte mich ein Klopfen aufgeweckt. Vor der Tür stand ein Herr mit einem Rosenstrauß. Sascha im Hintergrund hob die Hände: Ich kann nichts dafür. Der Mann ist vom Gebietsfernsehen. Eine erste Geige. Das soll jetzt ein offizieller Empfang sein. – Die Frage war, ob ein spät nächtlicher oder ein früher, noch bevor der Alltag begann. Ich, mit meinem aufgelösten Zopf, bat um Aufschub. Wie wärs beim Frühstück?

Man hat uns im Restaurant ein Séparée reserviert, einen dick mit Auslegeware tapezierten und Gardinen verhangenen Raum. Die Fenster vernagelt. Hinter der Tür, die Küche. Mief. Fleisch, Brause und Wurst. Wir stochern. Ordern mit guten Worten für morgen ein leichteres Frühstück, zerren an den Vorhängen, rütteln am Fenster. Der Mann mit den Rosen hat sich zu uns gesetzt. Er hält eine Rede. Sascha übersetzt das Nötigste. Wir erzählen von unserem Vorhaben. Das wichtigste sind für uns die Theaterleute und die Zuschauer in den Dörfern: wie sie das Stück „Jahre der Hoffung" aufnehmen werden. Der Vorsitzende verspricht, uns zu helfen, wo Hilfe nötig sein sollte. Will uns zum Umtrunk beim Fernsehkomitee laden. Wir erklären, daß wir sehr viel Zeit verloren hätten und nun nichts als drehen möchten. Daran hinge heute unser Herz und Sinn. Er akzeptiert mit innerem Widerstreben. Erst Umtrunk, dann Arbeit, so sei die Reihenfolge. Wir bleiben bei unserem Plan. Eklige, verkniffene Deutsche.

Die Fahrer sind immer noch nicht zu gebrauchen. Heiner erklärt sich bereit, den Toyota-Kleinbus zu chauffieren.

Wir fahren in Richtung Osten über Tekeli. Vor uns liegen die Ausläufer des Alatau. Weite Getreidefelder ziehen sich in den Ebenen. Weideland an den Hängen der Hügel. Der Kolchos „Ernst Thälmann" liegt am Fuß einer Bergkette. In der Kurve der Hauptstraße, an der auf ungenauen Nebenwegen sich die Ansiedlung hinzieht, klotzt der Betonkasten des Kulturhauses. Die Autos der Theaterleute parken seitwärts unter Bäumen, am Bühneneingang. Sie werkeln, dösen und schwatzen im Schatten von Mauern und Bäumen der nachmittäglichen Kindervorstellung entgegen. „Des Teufels goldene Haare". Haben Zeit für Späße mit den halbwüchsigen Kolchoskindern. Lautes Lachen. Stille. Lesen. Auf dem Theatersofa liegen, in den Himmel schauen. Das Bild eines glücklichen Völkchens.

Auf der anderen Seite der in seidener Hitze flirrenden Straße liegt das Haus der Kolchosverwaltung. Ein niedriger Lehmbau. Innen schön kühl. Hier, erzählt Sascha, haben seine Eltern für ein paar Jahre gewohnt. Wolgadeutsche. Jetzt wohnen sie in einem Dorf am Ural. Einem deutschen Dorf. Wenn er mit uns fertig ist, wird er eine Woche zu ihnen fahren. Urlaub. Angeln. Pilze. Ob ich hier einen Tee trinken möchte?

Ich will lieber auf Entdeckung durchs Dorf gehen. Alexander, der amtierende Chefregisseur, begleitet mich.

Einheimische stehen vor einer Bretterbude. Sie tragen Brot weg. Wenige Schritte weiter ein Bauwerk aus Brettern in eigenwilligem Easternstil. Es ist das Dienstleistungszentrum. Eine über ein Treppchen zu erreichende Galerie. Vier Türen. Vier Gewerke. Schneiderei. Friseur. Schuster und Post. Ein anrührender Ort des Friedens und der Genügsamkeit. Die beiden Schneiderinnen nähen an einem bunten Sommerkleid. Wer in den reichen Ländern des Westens kann sich diesen Luxus leisten? Maßnehmen, zuschneiden, heften, anprobieren, ändern, wieder probieren, dabei singen, Geschichten erzählen. Eine der Frauen spricht deutsch, sie will heute abend zur Theatervorstellung kommen.

Beim Friseur kleben Bilder aus Westillustrierten zwischen den Spiegeln. Schöne Frauen. Frisuren von Meisterhand. Die beiden Mädchen schnippeln kühn. Jeder gewünschte Schnitt wird probiert. Die Schere ist ein Heiligtum. Die Lockenwickler unersetzbar. Ich baue Lippenstifte und Nagellacke auf. Gastgeschenke. Jubel. Gott vergelts. So eine Freude. Zum Mitfreuen.

Die hellen Vorhänge wehen in einem kleinen freundlichen Mittagswind. Fliegen summen.

Mein „Amtierender" verabschiedet sich mit einer Verbeugung: Liebe Damen, ich darf sie doch heute abend im Theater begrüßen! Die Friseusen kichern, blinzeln mir zu. Komischer Kauz.

Neben dem Salon die dunkle Stube des Schusters. Der hockt auf seinem niedrigen Schusterböckchen und arbeitet an einem Turnschuh. Dreht das kostbare Wrack ratlos um und um. Was tun? Er zieht einen Faden durch den Pechstein, fädelt ein. Er hat versprochen, den Schuh zu retten. Ein zigarrenkistengroßer Empfänger holt mit zwei Drähten Musik aus der Wand. Unterm Krächzen und Röhren aus diesem Kistchen wird er es wahr machen, wird er den elenden Hundsfott richten. – Er setzt die Ahle an... Musik, dann Nachrichten.

Wir sind inzwischen auf der Post. Die Frau hinterm Tresen weiß noch nicht, ob sie heute abend kommen wird. Sie kann nicht deutsch, aber ihr Mann sei ein Deutscher und ihre Kinder haben die deutsche Nationalität angenommen, und es sei schon beschlossen, daß sie übersiedeln werden. Die verheirateten Kinder haben Anträge gestellt. Die Verwandten der Kinder seien schon drüben in Deutschland. Es ginge ihnen gut.

Und was sie mit ihrer russischen Sprache in Deutschland tun möchte?

Sie zuckt die Achseln. Arbeiten, sagt sie. Arbeiten kann man überall.

Während des Gesprächs schaue ich gebannt ihren Händen zu. Die nehmen einen alten Briefumschlag, lösen mit einem Messer die Verleimung, drehen das Beschriebene nach Innen, falten um und kleben wieder. So kann man den Briefumschlag noch einmal in die Welt schicken.

Mein „Amtierender" verabschiedet sich wieder auf seine höfliche Art, wirbt für den Abend. Jeder, der kein Deutsch verstehe, bekäme Kopfhörer. Er selbst würde das Theaterstück simultan ins Russische übersetzen. Sie möge nur kommen. Die Postfrau lächelt und zuckt die Achseln. Sollte sie diesen unnötigen Schritt aus ihrem Kreise treten? Die Kühe müssen gemolken werden...

Tatsächlich, aus der Senke herauf ziehen gelassenen Schritts die örtlich ansässigen Kühe. Es ist rechte Zeit. Vor dem Kulturhaus teilt sich die gemächlich voranziehende Herde in die drei Wege. Ungestört vom Lautsprecheraufruf. Kommen Sie heute um 9 Uhr ins Schauspieltheater. Eine zupft noch Grünes am Straßenrain, sie kaut und bummelt mit den Nachzüglern weiter. Weiß, wo sie hingehört. Alle wissen, wo sie hingehören. Wenn sich eine Kuh verirrt hat, das ist dann ein Aufsehen, eine Aktion. Es kommt selten vor. Sollten die Menschen dümmer sein?

Die Sonne steht rot in den Fenstern des Kulturhauses. Wir müssen warten, bis die Kühe gemolken sind, die erste und die letzte.

Stille liegt über dem Kolchos. Steinernes Schweigen. Ganz in der Ferne ein Motorrad

Schließlich kommen drei leuchtende Kleider die Straße herab. Und gleich taucht auch das Motorrad auf. Zwei Kerle drauf. Sie stauben an den Frauen vorbei und bremsen in einer Wolke. Schutniks, Spitzbuben. Von schräg gegenüber nähern sich vorsichtig zwei alte Leutchen. Sonntagskopftücher. Sonntagsjacketts. Publikum. Noch vor zwei Jahren war der Saal bei jeder Vorstellung voll. Die Leute drängelten sich. Heute bleiben noch Plätze frei. Es ist, weil so viele schon fort sind... Finsternis im Saal.

Das Spiel kann beginnen.

„Die Jahre der Hoffnung", geschrieben von einem Mitarbeiter der „Deutschen Allgemeinen" von Alma-Ata. Die Zuschauer sehen die Geschichte einer Frau. Erna heißt sie. Sie ist Deutsche. In einem Dorf an der Wolga geboren. 1942 wird sie vertrieben. Sie kommt in ein Arbeitslager. Nach Kriegsende verliert sie ihren Mann. Er wird in einem sibirischen Dorf erschossen. Sie erfährt Roheit und Gewalt. Ihr Kind wird von den Russenkindern Faschist genannt. 1974 werden die verbannten Deutschen per Dekret rehabilitiert. Sie dürfen richtige Bürger sein in den Orten, in die das Schicksal sie verschlagen hat. Doch sie dürfen sich ihrer Vergangenheit nicht erinnern, nicht der alten Heimat, nicht der Vertreibung, nicht der Lagerzeit... Erna aber erinnert sich. So kommt es, daß sich der KGB um sie kümmert. Sie beschließt, nach Moskau zu fahren. Es gibt eine Organisation, sie heißt „Wiedergeburt", sie setzt sich für eine autonome deutsche Wolgarepublik ein. Erna hält eine Rede an das Publikum. Wollt ihr wieder zurück an die Wolga? Meinungen prallen aufeinander. Auseinandersetzungen, Beschimpfungen im Zuschauerraum. Für und wider. Das Stück geht weiter. Erna wird festgenommen und in eine psychatrische Klinik gesteckt. Gewalt. Ein Satansspiel. Mit dem Einzug von Perestroika und Glasnost wird Erna freigelassen. Der Auszug der Freunde und Bekannten nach dem Westen beginnt. Willst du als letzte hierbleiben? Für Erna sind die Auswanderer Verräter, Leute, die sich den bequemsten Weg suchen. Wollt ihr vom deutschen Wirtschaftswunder zehren, obwohl ihr nichts dazu getan habt? fragt sie ihren Nachbarn und den Sohn. Rechnungen werden aufgemacht. Vorwürfe über den Tisch geworfen.

Ein Lehrstück. Ein Stück, wie für den Kolchos „Ernst Thälmann" geschrieben. Die Zuschauer erkennen sich wieder. Sie nicken, lachen, kommentieren. Genau so ist es aber auch. Und in manchen Augenblicken zieht durch den Kultursaal mit den Klappsitzen ein Hauch von Welt. Die Regisseurin Mnouchkine aus Frankreich geistert im Saal. Die ratlosen Sowjetdeutschen im Kolchos „Ernst Thälmann", wie die Zuschauer in Paris als Beteiligte der Revolution, überrascht oder gar übertölpelt, machen das Spiel mit, nehmen die Handzettel, nehmen Partei, Ernas oder die der anderen. Müssen mitmachen, wie bei allen Spiele, die mit ihnen getrieben werden.

Der Regieeinfall, das Publikum als Publikum mitspielen zu lassen, hat eine faszinierend schöne und eine verletzende Seite. Enthüllend ist er jedenfalls.

Das nächtliche Dorf. Im samtweichen Licht die Berge des Tienschan. Die Betonplatten, aufgerissen, grau. Dunkle Stolpersteine. Der Sozialismus trauriger noch als am heißen Mittag. Der Bronzekopf Ernst Thälmanns im mannshohen Kraut. Das Siegerdenkmal. Die Leute gehen eilig nach Hause. Schweigen. Es ist spät geworden.

29. Juni
Ich trage heute, am Tag darauf, diesen 29. nach. Wohl weil heute Sonntag ist, brüllt seit sechs Uhr in der Frühe aus einem Hinterhof Rockmusik. Ich sehe keine andere Erklärung, als daß unter den Leuten hier ein gesetzloser Egoismus seuchenhaft grassiert. Wer ein Auto hat, zeigt es durch Raserei, wer eine Musikmaschine hat, der konkurriert sonntags mit dem Hahnenschrei.

Für Sonnabend, den 29., waren wir im Kolchos „Ernst Thälmann" mit Besuchern der Theatervorstellung verabredet.

Nu kommt, hatten sie gesagt. Wann? Nu, wann ihr wollt. Wir merkten, Termine zu machen ist Westmanier. Zu Hause geht man nicht unangemeldet zu Besuch. Das war höchstens früher im Osten so, zu Zeiten, da selten einer ein Telefon hatte. – Kommt, wenn ihr da seid, heißt es hier.

So sind wir zuerst zur Familie Besherz gefahren. Da ist das Häuschen schon geputzt, nicht weil wir uns angesagt haben, sondern weil Sonnabend ist. Gertrud, die Großmutter, erzählt, und Peter, ihr Mann, steht abseits in der Tür. Schweigend, wie von Albrecht Dürer gemalt, die großen schmalen Hände gefaltet. Die Enkelin Irina will auf Babuschkas Schoß.

Mir sein von der Wolga. Eine lange Geschichte, mit den Stationen Trudarmee, Arbeit im Bergwerk bei Karaganda. Da war Gertrud sechzehn Jahre alt. 1954 sind sie hierhergekommen, haben das Haus gebaut. Nun ist der Sohn vor einem Jahr nach Deutschland gegangen. Er hat einen Brief geschrieben. Einen so schönen Brief. Die Tochter reicht das kostbare Blatt über den Tisch. Wir lesen, die ersten Sätze sind deutsch. Soviel kann er schon. Die Alten lächeln. Es geht ihm gut. Die Tochter verteilt Tassen und Gläser. Stellt Butter, Brot und Wurst auf den Tisch und ermuntert uns: Nu langt och zu.

Das Haus soll verkauft werden. Ein Interessent hat sich schon gemeldet. Es ist ein ordentliches, gut gebautes Haus, mit einer Zentralheizung. Wasserleitung, einem Garten ringsherum. Schafe, Hühner, Kühe, ein Pferd. Auch das Vieh werden wir verkaufen.

Wollt ihr denn fort?

Ja, wir gehen auch nach Deutschland.

Ich erzähle von den Schwierigkeiten im Osten, jetzt, beim Einigungsprozeß, die Arbeitslosen. Gertrud hört aufmerksam zu, staunt ein bißchen. Nimmt es aber nicht fürs wirkliche Leben. Das Leben spielt sich hier ab und da, wo der Sohn jetzt wohnt. Es steht alles

59

in dem schönen Brief, der, während wir den Kirsch-Wein probieren, wieder wohlverwahrt im Kuvert auf dem Fernseher liegt. Absender 2845 Damme. Es geht ihm gut, dem Jungen.

Beim Aufbruch wischt sich Gertrud die Augen. Peter steht mit gefalteten Händen an der Haustür. Schweigend, wie von Dürer gemalt. Er hat uns rasch noch das Vieh vorgeführt. Das Pferd galoppieren lassen. Ein schönes Tier, eine hiesige Rasse. Achal-Tekkiner, anhänglich und gut zu gebrauchen. Der zieht was weg, und draufsetzen kann sich jedes Kind. Der Tochtermann und die Tochter bringen, während wir schon im Auto sitzen und winken, zwei Gläser Warenje. Weil es euch so gut geschmeckt hat. Bitte, bitte, nehmt. Erdbeer und Himbeer, aus dem Garten, frisch gekocht.

Petja gibt Gas. Wir fliehen, hochmütig, halbseiden, mit unseren Bildern. Es lief gut, sagt der Kameramann.

Zweite Station: Erika. Der optischen Variante wegen sitzen wir auf der Gartenbank. Sie erzählt. In Ludwigsfelde sei sie geboren. Ihre Mutter sei von der deutschen Wehrmacht aus der Ukraine nach Deutschland verfrachtet worden. Nach dem Krieg seien sie in Internierungslagern unter Kommandantur gehalten worden.

Wo?

In den Wäldern. Mehr wisse sie nicht. Man hätte über diese Zeit nicht sprechen dürfen. Die Eltern hätten den Kindern irgendwelche Geschichten erzählt, Märchen. Es wäre sehr schlimm gewesen, Deutscher zu sein. Sehr schlimm. Dabei hätten doch die Mutter und der Vater gar nichts dafür gekonnt, was Hitler gemacht hätte.

Eine schlimme Zeit.

Jetzt aber sei es anders. Sie habe einen Übersiedlungsantrag gestellt. Sie, ihr Mann, der im Kolchos als Tischler arbeite, und die beiden Töchter. Zwei Monate, rechne sie, werden sie noch warten müssen.

Das Vieh haben sie schon verkauft. Die Ställe sind schon leergefegt. Das Haus nimmt einer aus der Stadt, aus Taldy-Kurgan. Es ist heut besser, auf dem Lande zu leben.

Der Mann trägt einen Tisch herbei. Man sieht: selbst gezimmert. Saubere Arbeit. Erika schneidet Brot. Sie kocht Tee. Wir essen schon wieder. Sie erzählt, daß sie heute noch im Haus schräg gegenüber helfen will, kochen und feiern. Ein Abschiedsfest. Ehe wir andere Pläne machen können, sind wir mit eingeladen.

Hinterm Tor Bänke und Tische. Darüber, von Haus zu Haus, eine Plane gegen den Regen und den lieben Gott, der muß auch nicht immer alles sehen. Überall neugierig zugucken. Die Frauen schneiden Tomaten, Gurken, Zwiebeln, Kartoffeln. Erika krempelt die Ärmel hoch. Sie mischt und würzt. Aus der Küche wallen die Düfte von deutschen Braten und kasachischen Nudelsuppen. Die Männer haben das Sonntagshemd angezogen und die ersten Flaschen aufgemacht. Die Gäste lassen auf sich warten.

So können wir noch Maria besuchen. Die Halbschwester von Peter Besherz, dem von Dürer Gemalten. Sie war mir gestern unter den Kopftuchfrauen als besonders aufmerksame Zuschauerin aufgefallen. Mit kindlichem Vertrauen und lebenskluger Zurückhaltung hatte sie das Spiel auf der Bühne verfolgt.

Sie lebt allein in einem winzigen, hinter einem hohen Lattenzaun verborgenen Häuschen. Ein Waschbrett hängt neben der Tür. Im Bretterverschlag trocknen Kuhfladen. Die nimmt sie zum Heizen. Holz und Kohlen sind knapp und teuer. Maria ist ein Kind dieses Ortes. Hier im Kolchos „Ernst Thälmann" geboren. Ich staune. Sie erklärt mir, daß schon vor Stalins Nationalitätenvertreiberei Deutsche hier ansässig waren. Sie wurden von hier aus zur Arbeit in den Bergwerken abtransportiert. Auch Maria wurde mit sechzehn Jahren abgeholt. Zehn Jahre später kam sie wieder hierher zurück. Mit fünf Kindern, aber ohne Mann. Der war im Arbeitslager gestorben. Sie zeigt mir im Haus die Fotos der Kinder. Dicke Rahmen auf der Kommode. Colorierte Gesichter. Ein Sohn ist bei einem Motorradunfall ums Leben gekommen. Die anderen vier wohnen in der Umgebung. Einer in Alma-Ata. Noch sind sie alle da. Aber alle unzufrieden mit Gorbatschow. Weil die Geschäfte leer sind. Man bekommt viele Waren, die es früher immer gab, nur noch selten und dann auf Talon: Zucker, Seife... Und die Leute, die sie und ihre Kinder früher Faschist genannt hätten, die täten heute so, als wäre nie etwas gewesen. Leute, die sie ins Lager gebracht hätten, wohnten in der Nachbarschaft. Bis heute spricht niemand darüber. Kein gutes Leben sei das. An Perestroika glaubt sie nicht. Ein autonomes Gebiet für die Deutschen hält sie für Unsinn. Wenn die Kinder sich entschließen würden, von hier fortzugehen, würde sie mit ihnen ziehen. Die Familien müßten zusammenbleiben.

Zurück zur Abschiedsfeier. Eßt, heißt es, und trinkt. Wir stiften diskret ein paar Marlboro-Schachteln. Verteilen sie auf die Tische. Vor dem Tor wird geraucht. Auch die Frauen wollen das fremde Kraut aus den feinen Schachteln probieren. Nun wirds bunt, ihr raucht doch sonst nicht? Das ist schon der Westen, sagt einer. So sieht das aus, qualmende Weiber. Dann sammeln sich alle wieder an den Tischen. Das Tablett mit den Hühnerkeulen macht die Runde, Krautsalat, Kartoffelsterz.

Vor den Wodkaflaschen beteuern wir, daß wir arbeiten müßten. Da gucken sie uns verwundert auf die Hände. Ich gieße mir Brause ins Glas und setze mich zu den Gastgebern. Neugierig sein und mit dem schwarzen Apparat hantieren, ist das arbeiten?

Friedrich Wilgelmowitsch Buchmüller, nebst Frau Maria mit den erwachsenen Töchtern Valentina und Olla, dem Schwiegersohn Fedja und den Enkeln

Regine, Irina und Natascha haben die Flugtickets und Visa in den Taschen. Alle Fäden sind schon abgerissen. Das Haus hat ihnen ein Tatar abgekauft. Seine Mutter, die Frau im großgeblümten Kleid, freut sich. Ein Glückspilz, der Sohn. Alles wird gut.

Wo solls denn hingehen in der Bundesrepublik?

Nach Deutschland, sagt Friedrich.

In welche Stadt? frage ich.

Vielleicht nach Marienhorn, sagt er. Von dort hat der älteste Buchmüller-Sohn geschrieben. Der ist als erster gegangen. Als Kundschafter gleichsam, und er hat beim ersten Besuch im Frühjahr nur Gutes zu melden gehabt und mitgebracht. Den Kassettenrecorder zum Beispiel, der uns die schöne deutsche Musik macht. Brüderlein, trink. Hier im Vorgebirge des Tienschan, unweit der chinesischen Grenze.

Wo ist das Glück? An welchem Ort? An dem, wo Schneewittchen wohnt und Rotkäppchen, dem mit den sieben Geißlein und Kohl, dem mit der Deutschmark und den Aussiedlerheimen. Eine Bank unter einem Lindenbaum und ein Buntfernseher. – Die Hoffnung auf den Fernsehapperat will ich dem Gast mit dem Kaiser-Wilhelm-Bart nicht nehmen. Aber Lindenbaum, da sehe ich schwarz. Er schaut mich an. Mich, die Schwarzseherin. Ach was, laßt uns tanzen.

Bevor das große Heulen beginnt, brechen wir auf. Winken und wünschen alles Gute.

Am Abend ertrotzen wir zu Überpreisen eine Flasche Sekt, machen uns damit die Umgebung samt ihrer Problematik erträglich.

30. Juni

Nach den Musikbrutalitäten in der Herrgottsfrühe setzt sich der Sonntag fort mit „Fürstengezänk". Ich habe im Gegenlicht der Eingangshalle den Vorsitzenden des Örtlichen Fernsehkomitees übersehen. Den Herrn mit dem Rosenbukett. Habe mir zudem schwere

Schuld aufgeladen, indem ich, wie inzwischen bei den staatlichen Spitzen bekannt geworden, Häßlichkeiten im Kolchos „Ernst Thälmann" bewußt gesucht und mit der Kamera provozierend festgehalten hätte. Den Schuster zum Beispiel und die Disteln zu Füßen des bronzenen Arbeiterführers.

Ein in seiner Eitelkeit verletzter Mann schießt an uns vorbei, ein Exemplar alter Schule. Ein rotblonder, kleiner, untersetzter Kasache. Nix mit Perestroika. Er wird es uns zeigen. Läßt uns samt Kamera vor der Tür in der kasachischen Morgensonne stehen. Er bestimmt.

In Saschas Zimmer hat er gewettert.

Der arme Sascha.

Doch Sascha scheint in seiner deutschen Abteilung des Studios Alma-Ata fest im Sattel zu sitzen. Die beste technische Ausstattung besitzt er jedenfalls schon, so hatte er uns mit verschlagenem Augenzwinkern erzählt. Technik macht stark.

Der hat ja 'n Knall. So sein Kommentar.

Zu einem schönen Stausee in schöne Umgebung will uns der Vorsitzende, der, wie Sascha uns aufklärt, nur ein Stellvertretender ist, nun geleiten. Der hat die Hosen voll. Saschas Eulenspiegelgesicht. Laßt uns heut machen, was er sich ausdenkt. Ein dummer, armer Mann. Er hats nicht anders gelernt.

Ich bedanke mich für die Rosen. Wir fahren zum Stausee. Nicht nur mit guter Miene, sondern mit besten Absichten.

Heiner dreht unterwegs eine Flußlandschaft mit weidendem Vieh.

Muß das sein?

Der Stellvertretende Vorsitzende hebt die Augenbrauen, läßt es hingehen.

Der Stausee erweist sich als dreckig und trist. Weder ein Motiv noch zum Baden geeignet. Wir ziehen wieder los. Ziehen retour. Wissen unterwegs in karger Steppe einen islamischen Friedhof, die

Kuppeln und die blechernen Mondsicheln gegen den blauen Himmel, unserem Auge ein Wohlgefallen. Dort wollen wir halten und drehen. Doch unserem Petja wird befohlen weiterzufahren. Dieser Friedhof, heißt es, sei ein verbotener Friedhof, von den Dorfbewohnern ohne Erlaubnis des Stadtsowjets angelegt. Der Stellvertretende Vorsitzende möchte uns einen besseren Friedhof zeigen. Mir fällt Aitmatows Roman über die Bewohner von Sary-Ösek ein, das beschwerliche Begräbnis eines ihrer Nachbarn auf heiligem, von den Vorfahren bestimmtem Ort. Genau dort hatten die Behörden ein Raumfahrtzentrum eingerichtet...

Wir fahren. Er führt uns auf einen grünen Plan. Bäume, Sträucher. Schwarzer Marmor. Hinter mannshohem Unkraut lugen die ordengeschmückten Porträts der Verstorbenen, in Stein graviert oder von vergrößerten Paßfotos.

Wir streiten. Was in aller Welt soll uns dieser Friedhof erzählen? Daß es hier viele Helden gibt? Er erzählt uns zur Stunde nur, daß ein Friedhofszensor diesen Friedhof für schöner hält als den anderen in der Steppe mit den Kuppeln und blechernen Mondsicheln.

Der Stellvertretende grollt, wir würden den Blick nicht auf das Wesen von Kasachstan richten. Es gäbe noch andere Nationalitäten als die Deutschen in Kasachstan. Die Kasachen zum Beispiel. Das ist es also, was ihn stört. Die ganze Richtung paßt ihm nicht. Nachdem unser Ziel Kasalinsk mißfiel, gerät nun unsere Nebenstraße in die Kritik.

Wir atmen tief durch. Wenn wir nun seinen Friedhof drehen würden? Dienst nach Vorschrift.

Ahnt er, daß er sich selbst ins Gesicht schlägt? Wir versuchen, es ihm freundlich vorsichtig zu erklären. Beschreiben den Unterbau unserer Wege, daß wir ein Programm hätten, daß wir uns sehr auf die Begegnung mit den kasachischen Bewohnern freuten, zu denen zu führen er uns versprochen hätte. Gleich am Anfang sei dieser Programmpunkt festgelegt worden. Eine Fahrt in die Berge. Wir freuten uns darauf. Wir wollten uns gut darauf vorbereiten. Die Tagebuchseiten seien dafür frei. – Wir bitten noch einmal um Verständnis, daß wir nicht zum Umtrunk und zu Umarmungen gekommen wären. Dafür brächten wir zu wenig mit, da wir keine offizielle Delegation, sondern nur ein Fernsehteam wären, zudem eins, das seine Zeit ziemlich gut planen muß.

Unsere frommen Reden sind nicht viel wert.

Nach der Pleite mit dem Stausee, dem Friedhof und nach dem Anschiß versuchen wir, den kurzen Rotblonden abzuhängen. Wir fahren zur Unterkunft, warten und starten zum Städtischen Bad. Zwei Überraschungen: 1. der Rotblonde sitzt schon in der Badehose am Wasser, 2. die Brühe stinkt, ist so dreckig, daß wir nicht einmal die Füße naßmachen wollen, dazu ringsherum Disteln und Staub.

Dazu krachende Hitze. Dazu benehmen sich meine drei Begleiter aus Mainz, als hätten sie einen Sonnenstich. Bleiben oder gehen, die Frage klären sie unter sich. Ich stehe mit der Produktionskasse bei Fuß, meinen Rubelpaketen und Markscheinen am Leibe unter meiner Mütze und warte. Sie haben mich schon gehörig eingeschüchtert. Sie drehen, was ihnen in den Kram paßt. Ich lasse sie einigermaßen gewähren. Meine Vorschläge werden sowieso abgetan. Das Motiv tauge nicht, sei nicht „schön" – in ihrem gutmütigen, an schönen Landschaftsfilmen orientierten Sinne – oder, noch einfacher, sei technisch nicht möglich. Zu dunkel. Den Schwof, der jeden Abend hier im Tanz- und Speisesaal des Hotels steigt, hier, 50 km vor der chinesischen Grenze, in Kasachstan, mußte ich mir, ihrer Schwerfälligkeit gehorchend, entgehen lassen. Wir haben nicht gedreht. Wie stellst du dir das vor, mit unseren drei Lampen?

Für mich hätte diese Jugend mit ihrer international geprägten Musik, ihren individualistischen regellosen

Tanzgebärden besser als jedes Argument gegen diesen armen rotblonden Betonkopf gestanden.

Gebärden der Hoffnung oder der Resignation?

Null-Bock, mit diesem Wort hat uns Sascha die Clique seines Sohnes beschrieben. Sascha möchte, daß der Junge nach der Schule eine Geigenbauerlehre aufnimmt. Da könnte er später einmal ganz unabhängig sein und viel Geld verdienen. Aber der Junge stünde bockig dagegen. Der will Fernsehkameramann werden, ein Beruf, beladen mit ideologischem Frust, mit dummen Vorgesetzten, Richtungsstreit, eine immerwährende Herausforderung. Ich frage mich, wer den Null-Bock verkörpert. Der Sohn oder der Vater. Sascha, in seiner guten Sonderstellung, die er dem Sohn nicht zutraut. Sascha, mit seiner Intelligenz, seinem buddistischen Bauch und dem ausgeprägtem Gefühl für die guten Seiten des Lebens, er ist es, der die Welt stillstehen läßt. Gelassen, in Harmonie. Bier und irgendein Sprüchlein, möglichst zum Lachen. Er wird uns beim Obersten nicht verraten, er wird die Weichen so stellen, daß wir ihm gerne sein Bierchen zahlen. So gesehen, ein idealer Begleiter.

Sascha ist vom heißen Stadtbadestrand weggefahren, um Bier zu besorgen. Statt Bier hat er eine Tüte Weintrauben erwischt. Er hat sie uns mitgebracht, doch meine Leute lassen die Trauben einfach liegen. Zu sauer, zu keimig, zu klein. Ich schäme mich der Ignoranten, zupfe mir ein paar Beeren ab und vertiefe mich in eine alte Zeitung. Lasse Sascha nun auch im Stich mit dem Zeug. Soll ich mir aus Anstand einen Otto anfressen? So weit hat uns der Alltag schon kleingeprügelt.

Habe heute mit der Sony-8 eine Tanznummer in unserem Saal mitgedreht. Eine ziemlich ruhige Nummer im Vergleich mit den Abenden zuvor. Ein Mädchen tanzt mir entgegen. Sie spricht mich an. Ihre

Babuschka sei nach Deutschland gegangen. Bald würde sie selbst übersiedeln. Leuchtenden Auges. Irina Luft heiße sie.

Die Mädchen von der Bedienung haben mir einen Pfirsich auf den Tisch gelegt. Ein Geschenk. Sie beobachten mich von der Küchentür her. Ob ich mich freue. Ich freue mich. Ich winke. Dann sollen wir alle mittanzen. Ich, Heiner, Bernd, Herbert. Wir sträuben uns. Zwei Mädchen, ein Bursche zerren mich vom Stuhl. Tatsächlich, es ist, als würden wir einen gewaltigen Rucksack abwerfen. Wir springen herum, schlenkern die Beine, lachen, atmen durch. Die jungen Leute umarmen uns. Wir machen mit, bis das Licht ausgeht.

Gestern habe es hier eine harte Prügelei gegeben. Davon ist heute gar nichts zu spüren. Im Gegenteil. Eitle Freude.

Morgen werden wir gewaschen und gekämmt zum Gebietssowjet fahren. Anschließend gehts in ein Bergdorf. Ich habe mir vorgenommen, im Theaterbus mitzufahren. Woldemar Bolz, der Theaterleiter, hat heute beim Abendessen erzählt, daß er aus dem Altaigebiet stamme und eigentlich ein Waldmensch sei, sehr gerne jage. Auch in Kasachstan gäbe es große Wälder. Bären lebten hier. Sein Wild sei der Fasan.

1. Juli
In weißem Rock und blauer Bluse erwarte ich unter der heißen Sonne von Taldy-Kurgan unseren Auftritt auf höchster Gebietsebene.

Doch der Stellvertretende hatte inzwischen anders entschieden. Der Empfang falle aus. Sascha brachte uns die Kunde. Unsere startbereiten Kameras hatten den Sinneswandel geursacht.

Mensch, der hat gesehen, daß ihr die Kameras mitschleppt. Da hätter oben Schnicke gekricht.

Und wir wollten ihm doch nur einen Gefallen tun. Mit guter Miene...

Spannung herrschte. Untergrundarbeit. Der Chauffeur Slawa wurde nach Hause geschickt, Petja wurde streng angewiesen, unser Auto zum Waschen und Tanken zu fahren. Damit, meinte der listige Mann, habe er uns die Möglichkeit genommen, unsere eigensinnige Arbeit fortzusetzen. Wir aber machen einfach das, was ich mir gestern schon vorgenommen hatte, wir würden nun alle zusammen mit dem Bus der Theaterleute mitfahren. Unseren Kram, die Kameras, bei der Hand. Danke, lieber Stellvertreter. Du hast uns ein Beispiel geliefert, wie wunderbar förderlich Zensur sein kann.

Es wird eine sehr schöne Fahrt. Berge, Blumen, Schaf- und Rinderherden. Reiter.

Koksu heißt das Dorf. Blauer Fluß. Einen Fluß gibt es wirklich. Er ist wirklich blau und hier noch so klar, wie er in den Bergen oben aus der Quelle kommt. Kleine abgezweigte Kanälchen eilen durchs Dorf. Es ist Nachmittag. Wir haben vor der Vorstellung genug Zeit, uns umzusehen und mit den Leuten zu reden. Alexander, der amtierende Chefregisseur, begleitet mich. Ein Blick in den Dorfladen. Mehl, Grütze, Zucker, Wurst, eingelegte Tomaten und Apfelmost in riesigen Gläsern. Alles ohne Talon. Alexander staunt. Zwei Mütterchen auf einer Bank vor dem Haus. Ich lasse meine Kamera laufen, und sie reden und reden. Wie das Leben so geht. Die erwachsenen Kinder arbeiten im Sowchos. Eins der Mütterchen will sich das Spektakel heute abend im Kulturhaus ansehen. Auf der Dorfstraße läuft mir ein drittes Mütterchen vor die Linse. Auch sie erzählt, lädt uns in ihr Haus ein, fragt, was wir im Dorfladen alles gesehen haben. Tee will sie kaufen. Ob wir wüßten, wie es damit stünde. Wir wissen es nicht. Theater? Da schüttelt sie den Kopf, das wäre nichts für so alte Leute, die keine Zähne mehr haben. Das gäbe kein richtiges Lachen.

Alexander geht, um bei der Aufführung des Kinder-
stücks dabei zu sein. Kopfhörer gibts, das ist schon die
erste Attraktion, und wenn die Hexe kommt in „Des
Teufels goldene Haare", geht erst mal das Geheule los
in den ersten Reihen, wo die Kleinsten sitzen, die
Mädchen mit den großen Schleifen und die Buben mit
den runden, kurzgeschorenen Köpfen. Die Theater-
mutter, eine Rentnerin in Kittelschürze, Kassenfrau
und Kartenabreißerin, auch eine Wolgadeutsche, auch
eine, die einen Antrag laufen hat, tröstet und nimmt
den Ängstlichsten auf den Schoß.

Woldemar begleitet mich nun. Die große Kamera ist
unterwegs im Dorf, um Stimmung einzufangen.

Auf der Morgenseite fällt die Sonne in goldenen Flüssen von den Bergkulissen herab. Die Gipfel stecken
schon geheimnisvoll im dusteren Himmel. Alles Licht
flutet nun über die Dorfstraße. Jungen, die sich für ein
Märchenstück schon zu groß vorkommen, spielen
Asiki. Ein kasachisches Spiel mit kleinen würfelartig
geformten Knochen. Den Mittelknochen vom Schafs-
fuß. Es geht darum, die Würfel, die in der Mitte eines
Kreises zu einem Kreuz ausgelegt wurden, mit einem
anderen Würfel aus dem Kreis herauszuschlagen.
Dabei gilt es außerdem, den Wurfplatz zu wechseln.

Es geht das Gerücht, daß man in die Stolitschnaja,
dem Speiseraum des Sowchos, Kognak gebracht habe.
Einen ganzen Karton voller Flaschen. Es ist ein
Gerücht. Es kreist hartnäckig um das Kulturhaus.
Wahr ist, daß seit unserer Ankunft die Töpfe dort
dampfen. Sogar draußen hintem Haus brodelt es in
einem Suppentopf.

Schließlich erreicht uns das Signal. Essen.

Ein Festmahl. Sämtliche Frauen des Dorfes haben
daran gearbeitet. Beim Toast des Vorsitzenden stehen
die Frauen hinter dem Küchenfenster aufgereiht wie
auf einer Bühne, wie zum Applaus. Häubchen,
Schürze, freundlich zufriedener Gesichter. Die Vorstellung ist gelungen. Wir heben das Glas.

Der Sowchos heißt nicht mehr XXII. Parteitag, wie man es noch über den Bestentafeln am Kulturhaus liest, er heißt nur noch Koksu, Blauer Fluß. Ist es möglich, daß uns die Umstände in die beste Ecke des Sowjetlandes verschlagen haben? Suppe. Hühnchen, gebraten und gekocht. Kraut und Hammelfleisch. Salate. Gebackene Waffeln und Milchkaffee. Zum Schluß noch ein Kuvert mit einem schönen Scheck für die Theaterleute. Tausendmal schade, daß ich die friedliche Tafel in der niedrigen Stolitschnaja von Koksu nicht wenigstens mit der kleinen Kamera gedreht habe.

Was sagt ihr dazu, daß die Deutschen alle weg wollen?

Wir bedauern das. Wir haben uns gut mit ihnen vertragen. Es ist schade.

Jeder soll da leben, wo er will, sagt ein uralter Kasache, der auf einem Bänkchen vor dem Garten die Komsomolskaja Prawda liest.

Wieder fängt das Theaterstück nicht nach dem Uhrzeiger an. Das Vieh muß auch hier erst versorgt sein. Die ersten Zuschauer warten. Manche haben Blumen mitgebracht. Ein Kopftuchweiblein nimmt mich mit in ihren Garten. Es ist noch Zeit, auch sie will ein paar Rosen schneiden. Sie erzählt, daß sie aus dem Kaukasus stamme und wie schön die Dörfer dort waren. Alles habe man in den Gärten und auf den Feldern gehabt. Nur leider keine Kartoffeln, dafür aber Welschkorn. Ob ich wisse, was das ist? Ja, ich weiß es inzwischen. Mais, sage ich. Sie sei 41 hierher deportiert worden. Hier sei sie hängengeblieben. Der Mann sei gestorben. Sie zeigt mir ihr Häuschen. Klein, selbstgebaut. Küche, mit dem silbergestrichenen Ofen für die Zentralheizung. Plüschteppiche an den Wänden. Das Bett eingedeckt, wie es sich gehört. In der Reihe noch ein Gastbett. Kissen auf Kissen. Wo ich heute nacht schlafe, fragt sie. Ich solle wissen, ich könnte im

Sowchos Koksu am Alatai als Besuch in einem richtigen Bette schlafen.

Sie pflückt mir einen Strauß wunderbar duftender Nachtviolen, schneidet die Rosen. Erzählt. Ihre Anträge laufen seit einigen Monaten. Alles sei nur mit Bestechung vorwärtszubringen. Die Geburtsurkunde, erst sollte es gar nicht gehen, dann habe sie Geld hingeblättert, plötzlich war ein Papier da. Sicher nicht aus dem Geburtsort im Kaukasus hergeschickt, sicher ein frisch gedrucktes. Mit der Fahrkarte nach Moskau war es genauso. Aber, sagt sie, man muß ja sowieso alles hierlassen. Die Betten und das Geld. Zwar habe sie eine Tochter, die mit einem Russen verheiratet sei, und die würde wahrscheinlich bleiben. Die habe aber schon das Haus des Sohnes, der sei vor einem Jahr nach Deutschland gewandelt, gewechselt, gemacht. Habe alles da verlassen.

Während das Theaterstück läuft, ist sie die beste Zuschauerin.

Als Erna, die Heldin, von der Bühne her fragt: Wer kann hier deutsch?, legt sie die Rosen auf den Nebensitz und meldet sich. Sie läßt sich das Informationsblatt für die Organisation „Wiedergeburt" geben, schimpft mit den bösen Menschen, die Erna nicht glauben wollen. Als Ernas Sohn erklärt, daß die Deutschen nirgendwo hingehören, eigentlich gar keine Heimat hätten, nickt sie mir über drei Reihen zu. Genau so ist es, sagt sie aus vollem Herzen, wir haben keine Heimat. Wie Er gesagt hat, hab ichs vorrrher schoooon Euch gsagt.

Nach der Vorstellung lassen wir einige Theaterszenen für die Kamera wiederholen. Ich bestehe darauf, daß auch das Gespräch zwischen Mutter und Sohn dabei ist, in dem es um die Heimat geht. Für die Mutter ist sie an der Wolga, für den Sohn ist sie vielleicht in Deutschland. Er redet von der historischen Heimat... Dafür nehme ich die Schimpfe des Teams in Kauf. Die Szene

72

sei doch schwach... Schlechtes Volkstheater. Dreht, sage ich.

Ich schwöre mir bei meiner Einfalt, daß ich niemals aus Furcht vor einer übermächtigen Gegenphalanx auf das Drehen dieser oder einer anderen Szene verzichten werde.

Gegen Mitternacht fahren wir heim.

Die Theaterkinder schlafen bald ein. Auch den Großen hängen die Köpfe. Leises Schnarchen. Gemurmel. Eduard, ein junger Schauspieler, plaudert mit mir. Er redet meinen Ärger um die „Nirgendwo-eine-Heimat-Szene" weg. Eduard ist gegen die Autonomiebewegungen. Sowohl bei den Wolgadeutschen als auch bei den Letten, Esten, Litauern. Er befürwortet den langen Weg.

Du bist jung, du hast Zeit, werfe ich ein.

Jelzin, sagt er, ist ein Betrüger. Er hat sein Parteibuch hingeschmissen, weil er genau wußte, daß ihm diese Geste Macht bringen würde.

Schließlich erfahre ich durch leise Zwischenfragen, daß seine Eltern seit einem Monat in Deutschland leben. Er wartet dringlich auf Post. Ruft jeden Tag bei seiner Cousine in Alma-Ata an.

Vielleicht morgen, sage ich.

Ja, vielleicht.

Er kann gut für andere politisieren, denke ich. Er, die Eltern in Deutschland. Er, ein Junge von erst 25 Jahren. Plädiert für eine gemächliche Gangart. Mir fällt ein, daß mein Daniel nicht viel älter war – als er nach Kasalinsk verfrachtet wurde.

Eduard fragt mich, wie mir die Inszenierung gefallen habe.

Gut, sage ich. Hat mich an die berühmte Mephisto-Inszenierung von der Mnouchkine erinnert.

Ob sich das überhaupt in die Waage bringen ließe, Volkstheater und Avantgarde. Wir spinnen leise in die Nacht.

Der Bus fährt in die sparsame Straßenbeleuchtung von Taldy-Kurgan. Die Schläfer rekeln sich. Wir sind zu Hause. Eduard trägt meine Kamera. Ich genieße den Kavalier wie ein in Frondiensten ausgezehrtes Fräulein. Die beiden kleinen Jungen, die in den „Jahren der Hoffnung" das Kind und die kleinen Übersiedler spielen, steigen schlafend aus dem Bus, gehen schlafend den Weg bis zum Bett, die Arme wie Fühler gestreckt, träumend treppan.

Schauspielerkinder, sagt Woldemar. Der gute freundliche, der sich mit allen Leuten verträgt, mit Kindern, mit dem Backmaschinenmenschen aus Heilbronn und mit unserem Rotkopf auch. Im Hintergrund hatte er heute früh den Summs, den wir mit ihm hatten, mitangehört. Beschwichtigend: Bleibt ruhig, wenn er euch das Auto wegnimmt, dann fahrt ihr mit uns mit. Punkt. Auch die Streiterei im Team um die Szene, die vorhin auf der Bühne nachgedreht werden sollte, hat er kurz beendet. Das richtige Stichwort für die beiden Schauspieler. Schon gings los. Die Kamera lief. Fertig. Frieden.

2. Juli
Für heute war uns Kasachen-Leben versprochen worden.

Wir warten auf den Auftritt des Fernsehnatschalniks, dem wir gestern so listig mit dem Theaterbus entwischt waren. Wir warten auf Schelte.

Doch es kommt anders. Unser Rotkopf ist ein Wendehals. Sascha raunt uns zu, daß er gestern neue Instruktionen aus Alma-Ata empfangen habe. Er solle uns gefälligst die Friedhöfe drehen lassen, die uns in den Kram paßten. Er dürfe unsere Arbeit nicht behindern. So.

Nun steht er vor uns, pflaumenweich, freundlich, ängstlich sogar, daß mich Verdruß und Mitleid packen. Es ist traurig anzusehen.

Er habe in zwei Kolchosen Empfänge vorbereiten lassen. Einen mittags und einen abends. Wir würden ein Stück fahren und dann von den Vorsitzenden mit Liedern und Tänzen empfangen werden... Der arme Mann.

Gott sei Dank, meine Mitarbeiter bleiben ruhig.

Nein, erklären sie. Wir fahren in die Gegend, wo wir gestern waren, gehen in Ruhe unserer Wege, das, was uns entgegen kommt, soll uns grade recht sein.

So soll es sein! Falsches Mitleid, fahre hin. Da muß er durch, der Stellvertretende Vorsitzende, auf daß ihm noch ein Arsch in der Hose wachse. Perestroika läutet ein Glöckchen in Taldy-Kurgan. Das Nein ist gleich auch der Abschied. Er hilft uns, die Kameras und die Utensilien ins Auto zu verstauen. Eilfertig. Wir schlagen die Tür zu. Ich sehe lange seine verwirrten Augen.

So einer kann einen ganz schön kriwatschen, sagt Sascha. Was auf wolgadeutsch soviel heißt wie piesacken.

Es wird ein schöner Tag.

Wir finden die prächtigen Ausblicke wieder, Landschaften, die wir gestern vom Bus aus gesehen hatten. Wir wandern mit großer und kleiner Kamera in die Felder, klettern auf die Hügel. Kasachen reiten, wie es uns gefällt, treiben die Herden wie im richtigen Leben, nur eben gleich zweimal, denn wir bitten um Wiederholung. Noch einmal der Schwenk vom Hügel herab, über die Brücke, weil dann gleich noch die Jurte ins Bild kommt.

Die Jurte halbnah.

Sascha fragt, ob wir näher treten dürften.

Die Frau und der Mann vor der Jurte haben nichts dagegen. Dem kleinen Mädchen wird eine bunte Schürze umgebunden. Der Mann hackt einen Holzspan zurecht. Er soll nur das tun, was er sowieso machen würde, wenn wir nicht hier wären.

Aber wir sind da. Er baut für die Ziegen, die an einem Autowrack grasen, einen Verschlag. Die Frau brutzelt Eier auf dem Herd, der in der Jurte gleich neben dem Eingang steht. Die kleine Meruert tappelt mit forschendem Blick Richtung Kamera. Meruert heißt auf kasachisch Edelstein. Es ist unsere Enkelin, erzählt die Frau. Sie spricht russisch. Sascha übersetzt. Die Kinder leben in der Stadt und im Kolchos. Sie beide hätten auch im Kolchos gearbeitet. Der Mann als Kraftfahrer. Bis sie Rentner wurden. Jeder bekam nur 160 Rubel im Monat. Da hätten sie sich entschlossen, in die Berge zu gehen und Schafe zu hüten.

Wir sitzen in der Jurte auf dem Teppich und trinken Tee. Eine schwarze Wolke umschwirrt uns. Eine Fliege kann stören, hunderte Fliegen können es nicht. Jedenfalls hier nicht. Wir sind Gäste, wir genießen die Einkehr in beinahe frommer Dankbarkeit. Gebratene Eier gibt es, feste Weißbrotfladen, Butter, Warenje. Wir bewundern die Konstruktion der Jurte, das Holzgitterwerk, die Filzverkleidung, die Kuppel, die im Zenit geöffnet ist. Ein sinniger Bau und eigentlich ein gutes Leben. In der Schlucht hört man einen kleinen Bach, einen Abzweig des Koksu. Hoffentlich ist das Wasser so klar, wie wir es gestern weiter oben im Sowchos fanden. Hier soll eine Bleihütte in der Nähe sein. Ein giftig stinkiges Unternehmen. Die Kiste unter den Tüchern, ist das ein Fernsehapparat? Ja, er werde mit einem Generator betrieben, erklärt uns der Mann. Aber sie hätten kaum Zeit zum Schauen.

Außen an der Jurte klemmt eine Antenne. Moskau könne man ganz gut empfangen. Alma-Ata nicht so gut. China machmal...

Zum Abschied schenkt die Frau jedem von uns eine Handvoll weißer Kugeln. Sascha kennt so was. Luftgetrocknete Käsekugeln in Salzkruste. Er ißt mit Lust. Ziegenhaare müssen dazwischen sein, dann sind sie gut.

76

Willste haben? Petja sammelt. Stopft in die Hosentaschen seines seideglänzenden Trainingsanzugs.

Ich wundere mich, daß das kasachische Hirtenpaar russisch gesprochen hat. Sascha erklärt, daß viele dieser Generation bis zu den Halbwüchsigen nicht mehr Kasachisch können. Kasachisch sei eine Turksprache, also mit dem Türkischen verwandt. Man habe die Schrift mehrmals gewechselt, die lateinische, dann die kyrillische eingeführt, und schließlich sei Russisch obligatorisch nicht nur Amts-, sondern auch Umgangssprache geworden. Nur in rein kasachischen Siedlungen und unter kasachischen Intellektuellen und Künstlern habe man die Sprache aus ganz unterschiedlichen Gründen entweder weiter gebraucht oder wenigstens gepflegt, wie in der Truhe liegende Sonntagskleider.

Am Nachmittag sind wir am Ortseingang von Koksu. Wir rasten am Blauen Fluß. Ich suche mir einen guten Sitzstein im weißen reißenden Geschäum. Heiner und Bernd haben eine Stelle gefunden, wo sie reinspringen können. Sie zögern. Oben in den Bergkämmen blinken die Gletscher. Eben war dieses Wasser hier noch festes, eisiges Eis. Mut, nur Mut. Die Helden prusten und heulen. Und behaupten – ein Genuß.

Ich suche abgeschliffene Steine und finde Gold. Gold, es könnte doch wahr sein. Es glitzert im Flußsand. Ich schöpfe mit hohlen Händen. Doch unter meinen Augen wandelt sich das Gold. Aus Gold wird Grau. Ich schöpfe Sand und immer nur Sand. Die Dorfkinder lachen mich aus.

Schaut doch hin, es ist Gold. Man muß es nur liegenlassen.

Wir schaun alle ins Wasser. Es glitzert, daß uns die Augen übergehen.

Am Abend in der Gostiniza erzählt Woldemar Theatergeschichten. Er war heute unterwegs, Spenden eintreiben. Wie der gestrige Sowchos, so haben auch

andere gegeben. Die Leute wissen, daß sich das Schauspieltheater in Alma-Ata ein neues Haus gekauft hat
und daß es daran viel zu renovieren gibt. Es soll nicht
nur Spielstätte, sondern ein vielseitiges Kommunika-
tionszentrum werden, mit Bibliothek und Café. Die
Bewohner hier möchten, daß die Sowjetdeutschen
hierbleiben. Ihr Wunsch schlägt sich in der Unterstützung nieder, die das Theater erfährt.

Der Staat Liechtenstein habe ein hübsches Sümm-
chen gestiftet. Früher war Temirtau bei Karaganda Sitz
des Theaters. Mitte der achtziger Jahre sei es umge-
zogen. Es sollte das kulturelle Leben der Hauptstadt
Alma-Ata mittragen helfen. Damals hätten sie eine
gute Zeit gehabt. Zu den Vorstellungen brechend volle
Säle. Zwar immer auch Auseinandersetzungen, weil sie
keine eigene Spielstätte hatten. Es habe oft Streit
gegeben. Die Deutschen als Minderheit mußten
zurückstecken. Trotzdem, man hätte damals einen
dicken Streifen Hoffnung am Horizont gesehen.
Gastregisseure seien gekommen, gute Bühnen-
bildner... Nun würde der Streifen langsam schmal.
Woldemar aber würde nicht aufgeben. Das alte Kino,
vielleicht kommt ihr mal wieder, zu sehen, was
aus uns geworden ist. Ein langes Gespräch bis nach
Mitternacht.

Morgen werden wir zurück nach Alma-Ata fahren.
Ich werde in der Frühe mit Galia telefonieren, hören,
wie unsere Zukunft aussieht. Die der nächsten Tage.
Kasalinsk, Aralsee?

Unterwegs von Taldy-Kurgan nach Alma-Ata wollen
wir Totalen der Steppe drehen. Die Ewigkeit, das
Nichts, die stillstehende Zeit. Es wäre schön, wenn
darin endlich einmal richtige Kamele herumgingen.
Denn das Nichts läßt sich am besten im Verhältnis zur
Einsamkeit zeigen. Einsamkeit wiederum nur durch
ein Paar. Zwei Kamele in der Steppe zwischen Taldy-
Kurgan und Alma-Ata, das wäre ein Beweis. Wir wären
beinahe nichts mehr schuldig.

Alma-Ata, 3. Juli

Wir sind wieder im feudal-sozialistische „Dostyk" eingezogen. Es ist viel wärmer geworden in den Tagen, während wir unterwegs waren. So gehört sichs für Alma-Ata, sagt die Kljutschmama. Über den Bergen grummelt ein Gewitter.

Schon während der Fahrt durch die nackte Steppe hatte die Sonne uns beigebracht, was ein kasachischer Hochsommer ist. Ein Wetter kündigte sich an. Sturm. Windhosen kreiselten gegen den Himmel und flitzten über das Land. Sandschleier stiegen auf. Heiner versuchte, das Schauspiel einzufangen.

Sascha erkundigte sich bei einem Kontrollposten auf der Straße nach Kamelen. Der schüttelte den Kopf. Er sah so aus, als wäre er noch keinen Schritt von seinem sinnlosen Postenhäuschen weg in die Steppe gegangen. Auch unser angemieteter Taxifahrer verneinte, hier gäbe es keine Kamelzuchtbetriebe. Er wiederum war schnell bei dem Nein, weil er uns rasch nach Alma-Ata bringen wollte, um schnell wieder nach Hause zu kommen. Unser dauerndes Halt, Aussteigen, Drehen – das stank ihm sowieso schon. Nix Kamele. Punkt. Die Faulheit geht wieder einmal mit der alten Politik zusammen. Keine Kamele. Das Kamel galt im Sowjetland als rückständiges Tier. Es sollte durch den Traktor ersetzt werden.

Wie wäre es, wenn wir in die Berge fahren würden? Sie liegen so verlockend nahe hinter der Stadt. Meine Team-Mannen gähnen: Bloß nicht nach der langen Fahrt bei der Hitze noch mal ins Auto.

Aber es wird doch gegen Abend kühler, und oben ist es nicht so heiß.

Kein Interesse.

Ein Grund könnte Ira sein, das blonde vom Heilbronner Backmaschinenhelden geborgte Mädchen Sie lebt in Alma-Ata, arbeitet am Konservatorium. Das könnte ich sogar noch verstehn. Aber wenns nur Trägheit sein sollte.

Ich telefoniere mit Galia vom „City Concil". Concil, das klingt doch schon wie geschmiert.

Es scheint alles in Butter zu sein. Am Freitag abend sei unsere Reise per Zug von Alma-Ata nach Aralsk geplant.

Sascha wird eingeweiht. Er soll morgen den nur russisch und kasachisch sprechenden Herrn Aksakal K. anrufen. Vizepräsident von „Capagat", besagter Organisation zur Rettung des Aralsees und vor allem der kranken Kinder dort. Sascha kaut schwer an seinen Ärger, daß wir ihn so lange im dunklen gelassen haben.

Mit der Eisenbahn wollt ihr fahren, wißt ihr, was das heißt im Juli? 35 Stunden bei 50 Grad durch Hungersteppe?

Der Herr Aksakal K. wird uns Näheres sagen. Er will uns begleiten.

O ihr Engel, sagt Sascha, und dann grollt er etwas auf russisch in sich hinein, schließlich weiter auf deutsch: Wißt ihr, daß es dort nichts gibt, nichts zu trinken, nichts. Den Aralsee gibbt es garrnicht merr.

Und den Fluß, den Syrdarja?

Denn gibbt es nicht.

Dann fahren wir eben hin, um zu sehen, was es nicht mehr gibt.

Na gut. Fahren wir eben.

Ich sehe, wie es in Saschas Augen immer noch wettert.

Was sagt deine Galia, woher wir in Aralsk Autos bekommen?

Es ist nicht meine Galia, sage ich. Das wird dir morgen alles dieser Aksakal erzählen.

Galia ist oder war wenigstens früher beim KGB.

Um so weniger ist es meine Galia. Ich verkneife mir zu fragen, woher er, Sascha, das so genau weiß.

4. Juli

Heute früh ist uns ein Hubschrauber offeriert
worden. Andere Kamerateams, hielt man uns ködernd
vor, seien gern mal über die Stadt geflogen. Vogel-
perspektive, wäre das nichts? 1000 Mark pro Stunde.
Mark! An der Sache war was faul. Jemand versuchte,
mit einem Armeehubschrauber ein privates Geschäft
zu machen.

Für unsere Zwecke brauchten wir so ein Gerät
höchstens 10 Minuten. Also 300 DM. Wenn kein Übereinkommen, dann Verzicht.

Sascha telefoniert mit den Anbietern. Sie gehen auf
unseren Vorschlag nicht ein. Wir sind nicht traurig.

Gestern, nach dem Essen im „Brigantina", beim
Autostop am Straßenrand, war mir aufgefallen,
wie wenig ich von der Geographie Alma-Atas im
Kopfe habe. Immer verlasse ich mich auf Sascha
oder Petja.

Neulich, auf der Heimfahrt vom Besuch bei den
Theaterleuten, hatte ich weder die Straße noch den
genauen Namen des Hotels gewußt. Die jungen Leute,
die mich in jener Nacht nach Hause brachten, chauffierten mich prompt vor ein falsches. Das ist es nicht,
meins liegt in der Nähe von Kunjajews und Nasabar-
jews Haus, dort wo die Dichter und Erfinder alle
wohnen. Bald jedes zweite Haus trägt Gedenktafeln an
jüngst Verstorbene. Die Wasserläufe am Bordstein
sind noch in Ordnung. Es ist still in den Nebenstraßen,
und es geht schon ein bißchen bergan. Es riecht nach
Gebirge. Gegenüber dem Hotel, unter Arkaden, befinden sich Geschäfte, eine Versorgungseinrichtung,
vom Schuh bis zum Kochtopf. Und alles steckt in
Bäumen. Ich kramte hervor, was mir einfiel, und war
erleichtert, als wir vor dem übermächtigen Eisentor
hielten, einer Zierde vor der breiten Treppe, der Glas-
tür zum Vestibül. Dostyk, von da an blieb der Name
endlich fest in meinem Kopfe.

Ich bin erst ein einziges Mal mit dem Autobus gefahren. Hier ist Autostop große Mode. Überall stehen Leute mit gestrecktem Arm am Straßenrand.

So standen auch wir gestern gut verteilt vor dem „Brigantina", einem Restaurant im ersten Stock eines etwas von der Straße zurückliegenden Betonbaus.

Es sei fest in der Hand einer Mafia, hatte uns Sascha noch vor unserem Besuch dort aufgeklärt. Unser geschultes Auge hatte das sofort auch erkannt. Der Seemann, der uns vor dem Eingang taxiert und erst mal von jedem 25 Rubel kassiert hatte, der war von solcher dunklen Art und schließlich auch die Gäste. Am Nebentisch hatte ein junger Mann mit 36 goldenen Zähnen und mehreren Siegelringen aus Gold seinen Geburtstag gefeiert. Den zweiundzwanzigsten ungefähr. Meist stand er an der Stirnseite des Tisches und hielt schwankend seine Reden, hob schwankend das Glas. Sein Gästetisch war schwer beladen. Er hatte dem Ober gewinkt. Der hatte noch mehr herbeigeschleppt. Auf der Tanzfläche blinkerten wieder die nach verschiedenen Schnitten geschneiderten Silberkleider. Der Waggon mit silbernem Stoff, der von der Mafia nach Kasachstan geleitet worden war, hatte auch hier seinen Glanz verbreitet.

Uns kann keiner mehr was vormachen. Auch im Kampf um ein Taxi werden wir immer besser. Wir lassen uns nicht beiseite schieben. Es dauerte nicht lange, und wir haben eine Karre zu Diensten.

Der Herr von „Capagat", den Sascha nach den Hubschrauberverhandlungen angerufen hat, erwartet uns um zwölf Uhr in seinem Büro.

Ein Vertrag sei vorbereitet. Nur, damit wir uns schon seelisch darauf vorbereiten können: es sei in Deutschmark zu zahlen. 1 : 1. Sascha unterbreitet uns die Nachricht mit Genuß.

Wir kauen schweigend an unserem Frühstück. Sitzen auf diesen sonderbaren Polsterstühlen, wo man nur auf dem Rahmen hocken kann oder sich durchfallen lassen muß bis zum Kreuzbein und bis in die Kniekehlen. Wir sind die einzigen Gäste in diesem seltsamen Palast. Die Amerikaner, die zwei Kulturwochen hier getanzt und gesungen haben, sind weitergereist. Von der Gruppe um den Heidelberger Arzt mit den kleinen Augen keine Spur mehr. Eine Riesenpalme steht in der Mitte des Säulenrunds. Vorhänge wehen in einem Gutenmorgenwind. Unsere Bedienung löst sich vom Tisch, wo noch drei schläfrige Kolleginnen sitzen und rauchen, schreitet den Weg des Teppichläufers, rasselt am Büfett, kommt und hat schlechte Laune. Wieder die deutschen Kerle, die kein Wort russisch verstehn und weder Kefir noch Buttermilch, noch saure Sahne, ja überhaupt keine Dickmilch wollen. Keine Plinsen, keine Pastete, keine saure Gurken. Alles ist falsch.

Ich bin wütend auf meine Rubeltasche, in der die Batzen unverbraucht liegen. Niemand will sie haben. Ich hüte ein paar Bündel Papier.

Irgend etwas kündigt sich an. In einem Augenblick, wo wir uns eigentlich freuen müßten, daß wir unser Ziel erreichen werden.

Wer will an ein Ziel? Wer hat sich Kasalinsk in der Nähe des Aralsees auserkoren? Eigensinnig, den Erinnerungen eines unbekannten Toten folgend? Dazu nicht einmal eines besonders berühmten Mannes oder eines in seiner Tragik herausragenden Schicksals. Ich war es. Einfach nur, weil ich eines Tages in einer Biographie auf den Namen des Ortes gestoßen und daran hängengeblieben war und dachte, ich müßte den Ort unbedingt mit eigenen Augen sehen.

Eine Anmaßung. Mindestens, indem ich von meinen Begleitern ähnliche Hingabe erwarte.Die Hingabe an eine innere Verpflichtung, eine Idee, die ich am Ende gar nicht erklären kann. Ich will nach Kasalinsk, dort war Damerius. .... Halt, nicht deswegen will ich dorthin. Es geht um Daniel, den erfundenen, in meiner Weltgeschichte herumgeisternden Helden.

Die Männer ziehen sich zurück. Herbert, Heiner, Bernd. Bis später. Ich ordere noch einen Kaffee. Klötze liegen auf meinen Schultern. Lohnt sich der Weg? Die Frage muß ich schnell wieder vergessen.

Von meßbarem Nutzen kann keine Rede sein. Die Gewichte hängen an mir, weil es nun darum geht, welchen Schaden andere Menschen allein meines Eigensinns wegen nehmen könnten. Kasalinsk steht vor uns – ein gefährliches Pflaster. Ich schlucke den Kaffee. Mache mich stark.

In einem Amtsgebäude, dessen Eingangstafel mit viel Genitiven eine Verwaltung, die mit Fischerei zu tun hat, bezeichnet, werden wir in den Raum des Vizepräsidenten der Gesellschaft zur Rettung des Aralsees geführt. Wir kennen ihn schon. Es ist Aksakal.

Er legt uns einen Vertrag vor. Sascha übersetzt. Ich lasse den Ton der kleine Kamera laufen. Doch es scheint kein Haken dabei zu sein. Die Sache scheint uns akzeptabel. Über einige Punkte müssen wir verhandeln. Zum Beispiel sind uns die DM-Kosten für die Mietautos zu hoch. Aksakal geht auf unsere Vorschläge ein. Die Hälfte.

Als die Vertragsseite klar ist, baut sich wie aus heiterem Himmel die Frage nach der grundsätzlichen Genehmigung für den Besuch jener Gegend auf. Sei es nicht denkbar, daß wir dort eingesperrt würden, vielleicht gar nicht aus dem Zug aussteigen dürften? Habe denn der KGB unserer Reise zugestimmt?

Ich traue meinen Ohren nicht, die Frage kommt von unserer Seite.

Aksakal senkt die Lider. Er könne nur soviel sagen: So sicher wie er hier sitze, brächte er uns nach Aralsk, und dort könnten wir drehen, was uns vor die Kamera käme. Und er brächte uns wieder zurück. Seine Organisation und er besäßen dafür die Vollmacht.

84

Weitere Frage von uns: Wie es dort mit der Strahlen-
belastung aussähe? Ob er für unsere Gesundheit ein-
stehen könne?

Ich sitze zwar in der Mitte, doch es ist, als stünde ich
außerhalb. Ich sehe, wie sich die Verhältnisse umge-
dreht haben. Erst wollten wir dorthin, doch man hat
uns gehindert. Jetzt ist der Weg frei, nun tun wir so, als
würde uns jemand hinjagen.

Aksakal hebt den Blick, schaut uns der Reihe
nach an. Er könne sich nur wiederholen und
anfügen, daß er in Aralsk geboren wurde, dort
gelebt habe und immer noch lebe und sehr alt werden möchte.

Wir lachen empört, das ist uns kein Argument.
Schließlich kommen wir darauf, daß wir einen Arzt
sprechen wollen, der um die Situation dort Bescheid
weiß. Heiner setzt auf die Begegnung mit einem Arzt.

Wir unterbrechen die Verhandlungen. Gehen zum
Mittagessen. Schweigen.

Ich kann viele ihrer Bedenken verstehn. Wir haben
in den Wochen viel gehört. Gerüchte und dann das
Mauern des Funktionärs von Gostelradio, des KGB:
Pest, Scharlach, unterirdische Atomtests. Verstrahlung, verseuchtes Wasser. Der Heidelberger Arzt hatte
von den vielen leukämiekranken Kindern erzählt,
wofür es seiner Meinung nach ein Bündel von Ursachen gäbe.

Meine Frühstücksgedanken sitzen neben mir. Es ist
wahr: Warum sollen diese Männer, Mitarbeiter des
Deutschen Fernsehens, während ihrer Arbeit mit
vielen verrückten Ideen, ja Marotten von Autoren kon-
frontiert, für mich, meinen Eigensinn, die Gesundheit
und Sicherheit riskieren. Heiner hat am Rücken tiefe
Narben. Bei Dreharbeiten in Ägypten ist er in eine
Schiffsschraube geraten.

Heiner schmeißt sein Hühnerbein auf den Teller,
bricht das Schweigen. Er sei schließlich für die Kameras verantwortlich.

Die wollen bloß unser Geld, alles andere ist ihnen egal, sagt Bernd.

Herbert sagt, daß er vom Intendanten zu Hause einen Rüffel bekäme, wenn er gegen die Anweisungen des hiesigen Fernsehens und ohne Genehmigung des KGB handeln würde.

Ich begreife die Welt nur noch halb, nur noch im Sinn meiner Frühstücksgedanken.

Zu Hause habe ich mich nie um die Stasi gekümmert, werfe ich hin und halte eine Verteidigungsrede für die Gesellschaft „Capagat". Alle wollten sie hier viel Geld von uns, die Hotels und die Fluggesellschaften. Wo dieses Geld hinginge, wüßten wir nicht, vielleicht machen sich Putschisten damit stark. Aber bei dieser Organisation wisse man, daß es für einen sehr vernünftigen Zweck sei, schließlich gehe es bei der Rettung des Sees um die Ökologie der Erde, um uns selbst und die kranken Kinder, der Heidelberger Arzt habe uns ja erzählt . . . Ich rede nicht weiter, denn damit steht sie ja gleich wieder fürchterlich im Raum, unsere Frage, samt einer Teilantwort. Den Rest wird uns niemand ehrlich beantworten wollen, möglicherweise nicht einmal beantworten können.

Für 15 Uhr sind wir wieder in das Fischereiamt bestellt. Wir gehen immer zu fünft. So in Gruppe sind wir schnell ein Ereignis. Eine Delegation. – Am Pförtner vorbei, einem Garderobenständer, daran ein Strohhut und ein dunkelblaues, mit ungefähr 15 Orden geziertes Jackett hängen. Das zugehörige Männlein sitzt hemdsärmlig hinter einem Wachstuchtisch. Es winkt uns vorbei. Im Gang wartet ein dicker, zurückhaltend lächelnder Kasache. Wir streben weiter. An der Vizepräsidenten-Tür werden wir aufgehalten, umgeleitet, gleich hoch zum Chef. Heiner schleppt die große Kamera. Bernd das Stativ.

Beim Chef ein Konferenztisch. Umständliches Plazieren. Ein junges Mädchen, eine deutsch-russisch sprechende Kasachin, wird als Sprachmittlerin an die

Seite des Vizepräsidenten gesetzt. Aida heißt sie. Schon im voraus hat sie ganz rote Ohren. Wir nicken ihr aufmunternd zu. Dann gehts los. Der Präsident nimmt das Wort. Er bittet, wir mögen die Kamera beiseite tun. Drehen sei nicht verabredet. Aida übersetzt, entschärft. Wir erklären, daß wir nur Atmosphäre, stumme Bilder, Impressionen mitnehmen wollen. Aida macht im Russischen noch ein bißchen weniger draus. Und so bleibt der Punkt offen, und das bedeutet für uns: Kamera läuft.

Wir hören einen Vortrag über die einstige Schönheit des Aralsees. Er, der Präsident, sei in einem Fischeraul geboren. Sein Herz schlüge für diese Region. Während er seine emotionsgeladene Rede hält, spielt er mit sieben roten Bleistiften, die eine lange handgeschnitzte Spitze haben. Er bündelt die Stifte, legt sie in eine Reihe. Wir schauen zu. Kühles Bier könne er uns in Aralsk nicht versprechen, aber Kumys, d. h. Stutenmilch, und vom Fleische fallen müßten wir dort auch nicht. Der Mann ist ein talentierter Diplomat.

Wir mögen ihn nicht. Seine Eitelkeit stinkt uns. Aber er hat uns an irgendeiner Ehre gepackt. Niemand unter uns ist spitz auf kaltes Bier. Um uns zu rechtfertigen, fragen wir nach dem erbetenen Arzt. Da meldet sich am Tischende der dicke Kasache, der uns schon im Flur unten begegnet war. Mit Pokergesicht hatte er sich die Rede angehört.

Wir stottern: Ob es Fälle von Leukämie im Aralgebiet gegeben habe.

Nein, sagt der Arzt. In den letzten fünf Jahren nur einen einzigen.

Seuchen? Lungenkrebs?

Nein.

Herbert hat schon sein Geschäftsköfferchen aufgemacht. Wir wechseln Blicke. Die Sache ist klar, wir fahren.

Was sind sie für ein Facharzt? fragt Heiner.

Hals-Nasen-Ohren.

Aha, also kein Kinderarzt, kein Radiologe. Heiner will eine Lücke gefunden haben. Er darf wieder ein bißchen zweifeln.

Zweifel sind berechtigt. Und zwar große Zweifel, an allem. Nicht nur an dem Hals-Nasen-Ohrenarzt. Nicht nur an dem Herrn Präsidenten Schambajew.

Trotzdem, wir haben uns entschlossen.

Vernünftig – nach Abwägung von Nutzen und Aufwand. So bilden wir uns ein.

Unsere Wege zum magischen Zielort Kasalinsk haben sämtliche Logik verloren, dafür haben sie unterdes Dramaturgie angenommen: Erst wollten wir unbedingt, doch wir durften nicht. Dann durften wir, aber wir wollten nicht mehr. Der Schluß, ein harmonisierender Selbstbetrug: Wir fahren doch. Die Wirklichkeit wird unsere Naivität tüchtig strafen. Daß unsere Ängste berechtigt, aber umsonst waren, geht einzig aufs Konto der Wunder oder – der Dramaturgie. Wir sind nicht verdurstet, wir leben, reisen mit einem Silberkoffer voller Filme, fliegen mit einem alten kasachischen Teppich... Doch diese Bilder zeichnet die den Tagen vorauseilende Fantasie. Weiter in den Regeln.

Der Alltag verlangt Taten. Wasser besorgen. Unseren ersten Kauf haben wir unterdes leichtlebig getrunken oder verschenkt. Wir rechnen pro Mann und Tag zwei Liter. Wir sind nun sieben. Zu unserem Fünferteam sind Aida, die Dolmetscherin, und Aksakal, der Vizepräsident der Organisation „Capagat", gestoßen. Die beiden wollen uns begleiten. Wir kaufen also im Devisenladen des Hotels 70 Liter italienischen Wassers. Das soll uns über die Gefahr einer Infektion oder Vergiftung bringen.

Gegenüber dem Hotel unter den Arkaden kaufe ich einen kleinen Koffer. Wir wollen mit möglichst wenig Gepäck reisen.

Beim Abendessen in einem Restaurant, das sich ziemlich keck „chinesisch" nennt, gesellt sich ein junger Mann zu uns, der uns seine Dienste offeriert. Auch er bzw. seine gestern gegründete Dienstleistungsfirma könne uns an jeden beliebigen Ort Kasachstans oder auch des Fernen Ostens führen. Er sei darauf spezialisiert, europäischen Filmleuten Weltniveau nach Asien zu holen. Essen. Autos. Unterkünfte. Zum Schluß auch Arbeitsbedingungen. Er verteilt Visitenkarten und Handzettel. Wir versuchen, ihm zu erklären, daß es uns weniger auf Mutters Klöße ankäme, die er uns im fernen Ochotsk kochen wolle. Wir erwarteten Dienstleistungen wie Autos, Sprach- und Landeskenntnisse, verbunden mit einer sinnvollen Preisgestaltung. Ob er denn Tickets für Flug, Bahn und Hotels und auch Drehgenehmigungen besorgen könne? Er nickt. Alles sei eine Frage der Möglichkeiten, des Geschäftes. Ob er denn auch KGB-Segen beschaffen könne? Er nickt. Er habe ein Konto in Berlin, und, wie gesagt, wenn es morgen mit unserer Reise nicht klappen sollte, wenn Lücken entstünden, er sei bereit einzuspringen.

Nach der Offerte bleibt er als stummer Gast an unserem Tisch. Ein Keimling der Marktwirtschaft. Und ich sollte der Nährboden sein? Wie ich in den glitschigen, kostspieligen Pilzen herumstochere. Genug Rubel in der Tasche, alles zu bezahlen. Alles bis auf den Rest. Der Rest ist wieder einmal ein Fragezeichen. Ein obszönes Zeichen. Mein Gott, warum hast du mich verlassen?

5. Juli
Heute ist unser Reisetag. Wir sortieren unsere Sachen: was in Alma-Ata bleiben soll, was mit muß.

Wir kaufen Brot für unsere Futterkiste. Fahren zum Basar. Sascha meint, wir sollten auch Gemüse mitnehmen.

Mittags fahren die Jungs zum „Auberger", wie sie die Hühnergrillbar nennen. Ich bleibe zu Hause, wasche

Blusen. Denke, ich müßte eine mit langen Ärmeln mitnehmen, wegen der Sonne.

Wir sitzen beim Fünfzehn-Uhr-Tee. Warten aufs Zeitvergehen. Giften ein bißchen. Gegen 16 Uhr fangen wir an zu schleppen. 70 Flaschen, Koffer und Kamera nebst Zubehör. Vors Hotel. In die Autos. Aus den Autos. Zum Bahnhofsvorplatz. An den Bahnsteig. Es ist klar, daß wir viel zu früh da sind. Die Sonne knallt. Schaschlikdampf. Ein grüner Zug auf dem Gegengleis. Rennen und Hasten. Vor allem Warten. Ein kasachisches Brautpaar trudelt inmitten einer Großfamilie über den Vorplatz. Sucht Schatten. Der Bräutigam, grämlich, in verstaubtem Schwarz, die Braut unter rosa Spitzhut, von pastellfarbenen Schleiern und Trübsinn umweht. Niemand weiß einen Witz. Tee, in einer rostroten Schale gereicht, ist wieder einmal die Rettung. Eine traditionelle Abschiedszeremonie vor einer modernen Hochzeitsreise.

Unser Zug fährt ein. Wir verstauen unseren Kram und sind sehr angenehm überrascht. Die Coupés, die uns zugewiesen werden, sind wunderbar sauber. Vorhänge, Bezüge, Kissen. Dabei bin ich nicht auf ein Kissen angewiesen. Ich habe ja mein grünes. Ich wohne zusammen mit Aida, der sympathischen jungen Dolmetscherin. Mit ihr im Gespräch wird die Zeit schnell vergehen. Ich freue mich auf die Fahrt.

Die Fenster im Gang lassen sich öffnen. Wir nehmen einen schönen kühlen Fahrtwind mit. Das wird bald anders werden, prophezeit Sascha. Heiße Steppe, ihr werdets erleben.

Hinter Alma-Ata sehen wir grüne Landschaft. Weidende Kühe. Dann Steppe und Weizenfelder. Erster Halt in Otar. Tirmur-Leng-Stadt. Tamerlan, der Eiserne Lahme ist hier gestorben. Alles stürzt zur Tür, besorgt sich Tee, kauft auf dem Bahnsteig Gebäck, rennt mit einem Handtuch um den Hals zu einem Wasserschlauch.

Heiner schultert die Kamera, guckt in die Abteile. Eine Jungfamilie mit Kleinkind genießt das Abteil als erstes eigenes Wohnschlafzimmer. Rosen auf dem Fenstertisch.

Gegen halb Zehn wird es dunkel.

Der Himmel über der Steppe ist grün. Sternen übersät. Wenn du lange hinaufschaust, findest du unsere Bilder.

6. Juli

Tschimkent heißt die Station, an der wir am Morgen halten. Zwieback und Honig, viel und noch mehr Tee, das war unser wunderbares Frühstück. Ein Genuß das Erfrischungstüchlein. Seit die Sonne aufgegangen ist, wissen wir, daß die Klimaanlage in unserem Waggon nicht mehr funktioniert. Ein Mechaniker werkelt mit einem Großmaulschlüssel in einem Kasten herum. Umsonst. Ein Kampf beginnt. Manche meinen, man müsse die Fenster im Gang fest schließen und verhängen, damit der heiße Wind nicht hereinkommt. Die anderen meinen, im Fahrtwind schmachten sei immer noch besser, als in einer Blechbüchse zu kochen. Zu den Fensteraufreißern gehören wir. Unser Platz ist das offene Gangfenster.

Der Zug setzt sich mit Geholter und Gepolter in Bewegung. Am Gleis bleiben Händler zurück. Leute mit Blumen, gebratenen Hühnern und Eimern voll murmelkleiner grüner Aprikosen. Hausruinen bleiben, Blechdächer, Lehmhütten. Ziegen. Sonst nichts.

Stundenlang stehen wir jeder einsam an einem Fenster. Wir schauen in die zellophanflirrende Steppe bis zum Horizont. Eine Kamelherde haben wir gesehen und steil aufragende Masten, Stützen des hellblauen Himmelszelts. Ein Kasache, der sich zu mir gesellt, sagt Sowjetskaja Armija. Und mir fällt ein, daß unsere Knaben aus Dresden und Schulzendorf usw. während ihrer anderthalbjähriger Armeezeit sechs

Wochen in Kasachstan zubringen mußten. Zum Scharfschießen. Ein junger Freund erzählte mir, daß er in der Zeit grade auf Lazarett war. Sein Begleiter sagte, da haste Glück gehabt. Der Freund sagte es so, daß ich nicht weiterfragen wollte.

In meinem Abteil hat sich inzwischen Heiner eingerichtet. Aida ist der schöne Anziehungspunkt. Sie sitzt am Fenster, er schräg gegenüber, und die Rede geht darum, ob man Hunde in einer Wohnung halten sollte oder nicht. Zum Balzspiel gehört, daß sie entgegengesetzter Meinung sind. Aida wirft die langen schwarzen Haare und schneidet die schrägen Äuglein zu einem schrägen Lächeln, und Heiner sagt so einen kühnen Satz wie: er hätte etwas anderes lieber in seiner Wohnung als Hunde.

Es ist rührend anzusehen und schön, sich dieses beglückenden Unsinns zu erinnern.

Ob ich mir mal den Speisewagen begucke?

Du warst noch nicht im Speisewagen? sagt Heiner, das mußt du sehen.

Aida setzt sich artig zurecht. Läßt das Köpfchen im Polster nicken und schaukeln, grad wie es die rollenden Räder und die Schienen wollen. Wie es Heiner gefällt.

Der Speisewagen ist wirklich sehenswert. Das ist ein Stück Rußland und Orient, wie man es aus Filmen kennt und wie ich es erwartet habe. Eine Art Gerümpellager, dazwischen Menschen, vor allem Alte und Kinder. Schreiend, schwatzend und mittendrin schlafend. An mancher Lagerstatt wird gegessen, von festem weißem Brot, von aufgeschnittenem Fleisch, von Hühnerbeinen. Die Dienstleistung des Speisewagenpersonals besteht darin, Tee zu kochen. Es dampft und riecht nach Wodka.

Ich weiß sehr schnell Bescheid und mache mich gern wieder aus dem Staube oder besser gesagt: aus dem Dunst und der Spucke, doch ich bin ja nicht zum Vergnügen unterwegs, und herbeigewünscht werde ich auch nicht.

Flucht ans offene Fenster. Steppe. Gelände für melancholische Lieder. Kasachengesänge. Doch nicht jetzt, am hohen Mittag, jedem Vogel würde sofort der Schnabel ausdörren. Die Waggonmama, unser Dragoner mit der tizianroten Turmfrisur, klatscht Wasser in die mit Markisenstoff ausgelegten Gänge. Herbert hat ihr Strümpfe und Nagellack geschenkt. Nun serviert sie uns gekühltes Wasser, damit wir unsere Flaschen sparen können. Wir bedienen uns aber lieber aus dem Kessel neben ihrem Dienstabteil. Ich fürchte mich nicht mehr vor den Ventilen und Rohren. Ich drehe den Hahn, kochendes Wasser sprudelt auf den Teebeutel in meinem blauen Emailletopf, der inzwischen genauso wichtig geworden ist wie mein grünes Kissen.

Heißer Tee, man weiß es ja, ist das beste. Es ist das feinste Getränk dieser Welt.

Noch nie ist mir so der Schweiß von der Stirn gelaufen.

Gegen 13 Uhr halten wir in der Stadt Turkestan. Aida erzählt von einem antiken Bauwerk, das man hier hat verkommen lassen, nun aber würde es restauriert. Wir steigen zwischen den Zügen herum, springen über die Schienen. Es gibt Eier und Brot, Aprikosen. Wir wagen uns nicht, Obst zu essen. Wegen Otto, heißt es diskret. Man wäre ja, von ihm geplagt, nur noch ein Viertel von einem Menschen. Unsere Tizianrote mag sich alle Mühe geben mit der Hygiene in ihrem Revier. Es braucht trotzdem immer wieder einen Entschluß, den Ort mit dem Eisenpott und den herumliegenden Hadern aufzusuchen. Otto ist eine unserer Hauptsorgen.

Heiner ist in Turkstan auf die Lokomotive umgestiegen, um von dort aus zu drehen. Die Landschaft wechselt nun zwischen grauer und grünkrautiger Steppe, manchmal sogar Sumpf. Flüsse kommen vom nahen Karatau-Gebirge herab zum Syrdarja. Aida erzählt mir, daß sie zum Studentensommer in Marburg war. Da habe sie viel gelernt. Sie spricht sehr gutes

Deutsch. Sie durfte nach dem Studium an der Universität bleiben. Dieses Jahr bekommt sie vielleicht eine Aspirantur. Ihre Kenntnisse gehen nur in Richtung der Sprache, jenseits davon ist sie wie ein Kind. Literatur, deutsche oder russische, tja, Bunin vielleicht und Heine, Heinrich Heine. Das hätte jede russische Schülerin gesagt. Warum spritzt die Waggonmama schon wieder Wasser im Gang aus?

Ich sage: Verdunstungskälte. Das naive Kind schaut mich groß an.

Bin ich ein Apostel? Wasser erfrischt. Punkt.

Sie erzählt von ihrer Freundin Olga. Die würde noch besser deutsch sprechen. Sie habe bei einem Bürgermeistertreffen gedolmetscht und einen deutschen Bürgermeister liebgewonnen. Sie durfte ihn besuchen. Der KGB habe sich bei Olga gemeldet. Jetzt grade sei sie wieder in Deutschland.

Vor Aida stehn nun allerlei Fragen. Ob Olga eine Doppelagentin sei, und ob sie wieder nach Hause kommen wird.

Vielleicht wird sie bleiben. Sie hat eine deutsche Großmutter.

Aida hat keine deutsche Großmutter. Aidas Vater ist ein Kasache, ihre Mutter eine Koreanerin. Die Eltern haben ihrer Tochter eine Tasche voll Kekse und eine Wurst mit auf die häßliche Reise gegeben. Mußt du wirklich dorthin, und wer ist denn das, der in diese verlassene Hungergegend fahren will und das noch in der größten Sommerhitze? Aida konnte nicht absagen. Der Stadtsowjet hatte eine Dolmetscherin am Institut bestellt, und Aida hätte vor dem Direktor schlecht dagestanden mit einem Nein. Es hätte ja auch eine gute Seite, sie könnte die Sprache wieder einmal praktisch anwenden und die Kenntnisse erweitern. Das leuchtete den besorgten Eltern ein. Wenn sie wüßten, daß das Kind keinen Happen von der Wurst nahm, keinen Keks. Auch aus unserer Kiste, von Heiners drappiertem Appetitsteller mit Bonbonkrönung, aß sie nichts. Keinen Bissen. Sie wollte unterwegs ihren Babyspeck loswerden. Sie wollte schlank sein. So wie Olga vielleicht. Ich sah mich durch sie zurückversetzt in meine heimlichen Trainingsversuche. Eine Stimme wie die Callas wünschte ich mir. Ich hatte nicht grade Kreide gefressen, aber doch einiges auf mich genommen. Die Zeit war danach. Es gab noch keine Grenzen. Genauer gesagt, ich war mit zwanzig noch so naiv, daß ich anspruchslos mit meinen eigenen Grenzen spielte. Eigentlich hätte ich wissen müssen, daß ich nicht einmal zum Chorgesang taugte. Ich sehe förmlich Aidas Träume. Das kostbare Zerrinnen. Unsere Jugend zu Hause ist klüger, sie verliert sich nicht in Fantasien und wenn, dann sind es keine heimlichen Träume. Die Fantasien unserer Jugend sind marktfähig. Popsänger machen sie laut, und Jugendpsychologen erklären sie.

Aidas Leben liegt eine Generation weit zurück.

Mir steht die Tochter der Familie Besherz vor Augen. Aus dem Dorf hinter Taldy-Kurgan. Die Geste, mit der sie mir das eingeweckte Warenje in die Hand drückte, hatte ich als kleines Kind in meinem schlesischen Dorf gesehen, wenn Tante Lotte dem Besuch aus der Stadt das Körbchen mit den in Zeitungspapier eingewickelten Eiern zudachte. Labt gsund. Und das war auch gleich der Abschiedsgruß. Labt gsund. Zwei Generationenschritte zurück.

Aida wird in unserem Film nicht vorkommen. Höchstens einmal am Rande, durchs Bild huschend. Später. Wenn wir nächstens stillstehen, wenn Ruhe einzieht, werde ich mich gewiß an sie und an all das, was sie mir erzählt hat, erinnern.

Ksyl-Orda, die frühere Hauptstadt Kasachstans. Immer wieder genannt als ein Ort, wohin wir nicht durften. Warum wohl? Aida flüstert von Tests in dieser Gegend.

Wir stecken wieder den Stab vom Geigerzähler, den wir immer bei uns haben, zum Fenster hinaus. Wir dürfen froh sein, es tut sich nichts. Er hat noch nirgends einen Piep gegeben oder mit einem Zeigerausschlag reagiert. Ein Mitreisender, der uns schon lange zuschaut, meint, in Alma-Ata sei die Radioaktivität viel höher. Unser Gerät sagte darüber nichts. Wir tauschen Blicke. Sollte das Ding kaputt sein? Hat einer dran gedreht?

Inzwischen trauen wir nur noch unseren Augen, aber die, das wissen wir, sind auf die modernen Gefahren nicht eingestellt. Verdrängen, das hilft ein Stück weiter.

Aida und ich, wir werden zum Umtrunk und zu Sprüchen in ein Nachbarabteil eingeladen. Aksakal, der seit dem gestrigen Abend bis zu dieser Nachmittagsstunde verschwunden war – wir hören, er sei auf eine Flasche hin in steinernen Schlaf verfallen –, hat uns gerufen. Freunde seien in Ksyl-Orda zugestiegen, nun gelte es zu feiern. Auf dem Fenstertischchen, der mit einem Fetzen Zeitung ausgelegt ist, türmen sich Pfirsiche und Weintrauben, dazwischen aufgeschnittenes Hammelfleisch, Schafskäse, in Stücke gerissenes Brot. Hitze und Wodka. Aida pflückt eine Weinbeere, später noch eine. Mir läuft der Pfirsichsaft über die Knie. Ich spreche den zweiten Toast meines Lebens. Der erste, viel kürzere, ging an die Köchinnen des Sowchos Koksu. Der Spruch hier darf nicht enden, denn ich fürchte mich vor dem Getränk im Glas. Es wird mich sofort umwerfen. Es wird mich töten. Ich rede um mein Leben.

Heiner, Herbert und Bernd retten uns, sie stehen mit der Kamera in der Tür. Sofort werden sie in die Wiedersehensfeier einbezogen. Wir drücken uns rasch aus dem Abteil. Warum nur, fragen die Gastgeber, da wäre doch noch Platz genug.

Im Gang hängt ein Plan, darauf die Streckenabschnitte und die wichtigsten Bahnstationen eingezeichnet sind. Die Ankunftszeiten stehen daneben. Sie stimmen längst nicht mehr. Wir haben Verspätung. Nach Aksakals Versprechen hätten wir am späten

Nachmittag auf unserem berühmten Bahnhof Kasalinsk ankommen müssen. Die Waggonmama und auch
Mitreisende sagen, das dauert noch. Aksakals Freunde
werden in Kasalinsk aussteigen. Das Ehepaar wohnt
dort. Die Frau arbeitet als Lehrerin, er als Kolchos-
vorsitzender. Soll man sich den Ort mehr als Dorf
vorstellen, oder ist er eine Stadt?

Stadt, sagt sie.

Ich frage sie nach dem Kulturhaus. Wo die sogenannten „Konzerte" stattfanden, früher, in den fünfziger Jahren.

An der Stelle dieses Hauses befindet sich heute ein
neues Kulturgebäude, sagt sie. Ich erzähle ihr ungefähr, warum ich so neugierig bin. Da war einmal ein
Schauspieler...

Dies sei nun alles ganz anders. Aber sie kenne einen
alten Genossen beim Stadtsowjet, der könnte mir
bestimmt Auskunft geben. Das sei noch einer aus den
fünfziger Jahren. Sie war damals ein kleines Kind. 42
geboren.

Ob sie sich vielleicht an einen Kindergarten erinnern
könne, der besonders schön ausgemalt war. Mit
Märchenbildern und Tieren?

Ja, sagt sie.

Die Bilder hat dieser Schauspieler gemalt, der 47 aus
dem GULag Workuta in die Gegend kam.

Dein Vater? fragt sie.

Nein, sage ich, ich kenne ihn nicht, habe nur von ihm
gelesen. Und Kasalinsk war auch nur eine Episode in
seinem Leben.

Ich spüre, sie will es nicht glauben. Soviel Auf-
hebens, eine solche Reise von Mainz bis zum Aralsee,
bloß um in die Spuren eines Wildfremden zu treten.

Wenn ich nun noch hinzufügte, daß ich den Mann,
um den es uns am Ende geht, eigentlich nur erfunden
habe! Er lebt in meinem Kopfe. Sonst nirgendwo.

Wir haben unterdes manchen getroffen, der uns
mißtraute. Ob Sascha uns nicht gar auch für gerissene

Kundschafter hält? Wenn, dann ist es ihm egal. Er jedenfalls will kein Held sein. Mit dieser Haltung ist es das beste, den merkwürdigsten Einfällen der Menschen erst einmal zu trauen. Er begleitet uns wie Eulenspiegel oder ein fröhlich betriebsamer Mönch, den unterwegs kein fremder Glaube stört.

Wir fragen die Waggonmama zum dritten Mal: Wie weit ist es noch nach Kasalinsk?

Nicht mehr weit.

Wir beobachten das Ehepaar, macht es Anstalten zum Aussteigen? Die Frau packt die Teekanne ein.

Der Zug hält. Irgendein Bahnhof auf der Strecke Alma-Ata – Moskau. Inzwischen drängen sich die Mitreisenden im Gang. Ein junger Mann, der seine auf dem Koffer hockende hochschwangere Frau hütet, offeriert mir eine Handvoll Sonnenblumenkerne. Ich biete der Frau meine Liegestatt an. Sie dankt. Sie würden gleich aussteigen. In Kasalinsk. Soll ich mit den jungen Leuten schnell noch anbändeln, soll ich sie fragen? Aber wonach denn? Wie es sich lebt in Kasalinsk? Ob die Großeltern, zu Zeiten, da sie auf ihrem Schoß gesessen, Geschichten von einem Mann erzählten, den sie einst kannten? Vielleicht gibt es Lena noch? Lena als Greisin? Doch die habe ich ja auch erfunden. Alles, was ihr angehört, sogar den Namen. Es genügt mir, ich habe den Kasalinsker in einigen Exemplaren gesehen.

Dann spricht mich der Mann an. Mischt sich vorsichtig in meine Gedanken. Aida hilft mir zu verstehn. Er mache sich Sorgen um seine Frau und um das Kind. Das Schlimmste sei schlechtes Wasser. Die kleinen Kinder sterben davon.

Ich schäle eine Flasche aus dem Sechserpack, lege sie der Frau in den Schoß. Der Mann mit den starken schützenden Armen streichelt die Flasche.

Lieber Gott, Allah, mach, daß ein Wunder geschieht. Bitte laß die Flasche nie leer werden.

Ich wasche meine Hände, ich wasche meine Seele
... Möge mein Schicksal mir Leidlose über den
Weg führen, solche, mit denen mir Hoffnung und
Mahl und Honig gemein sein darf. So betete der
Prophet von Persien her ins Land hinein, das
zwischen den beiden Flüssen Oxus und Jaxartes
liegt, denn so haben sie den Amu- und Syr-Darja
einst genannt. Und er sprach weiter: Seit es
Menschen gibt, hat der Mensch sich zu wenig
gefreut: das allein, meine Brüder, ist unsere Erb-
sünde!

Und lernen wir besser, uns zu freuen, so verlernen
wir am besten, anderen wehe zu tun und Wehes auszu-
denken.

Darum wasche ich mir die Hand, die dem Leidenden
half, darum wische ich mir auch noch die Seele ab.

Freut euch bitte, und nie wieder will ich barmherzig
sein.

Ist das der Syrdarja? Bei jedem Wässerchen, an dem
wir vorüberfuhren, habe ich die Nachbarn oder unsere
Waggonmama gefragt.

Immer hieß es, das sei ein Kanal – einer der vielen,
die dem Syrdarja das Wasser wegnehmen.

Der junge Mann erklärt: Auf den richtigen Syrdarja
werden wir erst vor Kasalinsk treffen.

Die Waggonmama fährt nun schon zehn Jahre diese
Strecke. Sie zuckt die Achseln. Kanal oder Fluß,
Wasser ist Wasser.

Die rote Sonnenscheibe neigt sich zügig dem Horizont entgegen. Wir stecken die Köpfe aus dem Fenster.
Noch kein Fluß, kein Bahnhof in Sicht. Heiner steht
mit der Kamera auf der Schulter. Bernd hält sich schon
eine Ewigkeit am Stativ fest. Wir wollen unbedingt
noch bei Tageslicht auf dem Bahnhof Kasalinsk
drehen.

Weitere Verspätung?

Ja, haben wir. Habt ihr die Zeitverschiebung einkal-
kuliert?

Wir stellen die Uhr um eine Stunde zurück. Doch das nagelt die Sonne nicht fest. Die hat bis auf zwei Handbreit den Horizont erreicht.

Den Zug antreiben. Die Sonne aufhalten. Wer kann das? – Ruhig bleiben, wer bringt das fertig. Wir deuten die Zeichen. Koffer im Gang. Draußen Masten. Militärkram. Wege, die in die Steppe führen. Tankwagen. Ein Fluß. Der Syrdarja. Grau, schilfbestanden. Ein Blick muß genügen. Große Kamera, kleine Kamera. Kameras laufen. Einfahrt im Bahnhof. Heiner und Bernd sind schon an der Tür. Sie springen vom fahrenden Zug, stürzen sich ins hin und her wogende Menschengetriebe, bahnen sich einen Weg, den Bahnsteig entlang.

Das ist Kasalinsk. Genau: Nowokasalinsk. Türkisfarbene, in einem russisch-kasachischen Klassizismus aufgetürmte Gebäude. Weiße Gesimse. Eine kleinere Ausgabe des Belorussischen Bahnhofs in Moskau. In wunderbarster Abendsonne. Gemäuer und Menschen, die sich im Wege sind, die sich gegenseitig suchen. Im Kopfe ein Ereignis, das Ankommen, das Wegfahren. Willkommen und Abschied auf kasachisch.

Heiner hat die Kamera genau in der Mitte der Symmetrie aufgebaut. Die Buchstaben über dem Portal werden es belegen. Wir sind hier gewesen. Wir waren hier. Wir sind hier. Die herbeieilende Miliz, das könnte schon wieder überall passieren.

Drehgenehmigung. Heiner stellt sich taub. Er läßt die Kamera laufen. Ich linse mit der kleinen Kamera aus dem Gewühl auf die Szene. Die schwingende Tür. Sich durchschlagende, durchboxende Menschen. Meine Schwangere mit der Flasche im Arm, ihr hoffnungslos dankbarer Mann. Ein Lautsprecher raunst. Ich bin froh und fürchte mich. Ich springe auf den Zug, drängele an der Waggonmama vorbei. Wir haben noch Zeit, sagt sie.

Aus dem Fenster. Kasalinsk, die weißen Schornsteine, die der Verbannte einst mit einem Wermutbesen kalkte. Nur auf der Gleisseite, hieß damals sein Auftrag. Obs die Maler immer noch so halten? Die kleinen Häuschen und Verwaltungsgebäude, wie zu seiner Zeit. Dahinter eine Neubaukulisse. Hochhäuser. Und gleich neben dem Bahnhof ein Geviert, Betonplatten, Sträucher, dazwischen Bronzeköpfe. Der Bahnhof ist unter meinem Blick ganz still geworden. Kein Verkauf. Keine Grüße, keine Umarmungen, kein Streit mehr. Drei Männer hocken am Ausgang. Eine Frau wartet gesenkten Blicks, daß der Zug abfährt. Gleisarbeiter leuchten mit Petroleumlampen die Bremsen ab, schlagen prüfend dagegen. Vom Betongeviert herüber quietscht eine Kinderluftschaukel. Das Schiff, von zwei Mädchen in bunten Röcken in Schwung gebracht, pendelt zwischen den in der Abendsonne glänzenden Köpfen. Der eine ist Lenin, den andren kenne ich nicht. Sascha steht neben mir am Fenster. Er kennt ihn auch nicht. Ob wir von unseren Quartieren in Aralsk noch einmal hierherkommen werden? Mit Autos? Auf Kamelrücken? Die strenge Geste des Milizmannes sah nach einem Schlußpunkt aus. Einer Schwarzblende gleichsam.

Der wollte euch die Kameras wegnehmen.

Und wie hast du das verhindert?

Sascha schaut gedankenverloren auf die flatternden Röcke. Es bleibt sein Geheimnis. Wie der Ort sein Geheimnis behalten wird.

Der Zug rumpelt los. Kasalinsk fährt aus dem Bild. Kyrillische Neonlichtbuchstaben. Zarenzeit, Stalinzeit – ein Brunnenblick. Landschaft. Am grünen Himmel ein güldener Stern. Noch drei Stunden bis Mitternacht. Wir schlafen.

Tragen zeitig genug unser Zeug, Stück für Stück, zur Waggontür. Aralsk ist nur eine Zwischenstation auf der Strecke Alma-Ata – Moskau. Aralsk, das Ziel unserer Reise. Wir wollen nicht mehr auf Buchstaben beharren. Buchstaben würden uns von diesem Augenblick an vom Alltag abbringen, ablenken. Unser Kasalinsk liegt von nun an in Aralsk. Wir reden nicht darüber, doch wir sind uns beinahe gewiß. Ein stilles Übereinkommen.

Der Zug schleicht dahin.

Was wird uns nächtens auf dem Bahnhof erwarten? Aksakal, dem Vizepräsident, der so viel Kredit bei mir hatte als Wohltäter der Aralsee-Region, traue ich inzwischen viel weniger Talente zu. Ein Schluckspecht ist er und ein Maulheld. Während der Fahrt hat er nur getrunken und geschlafen. Er stinkt schon wieder nach Wodka. Ich muß meinen Männern recht geben. Denen war er vom ersten Tag an nicht grün.

Gottvertraun, Jungs.

Aralsk.

Wir werfen unser Zeug aus dem Zug und stellen uns daneben. So zuversichtlich wie nur möglich. Beinahe fromm. Unser Zug rumpelt in der Dunkelheit davon. Stimmen vom Bahnhofsgebäude. Doch bevor wir uns melden können, schiebt sich ein Gegenzug wie eine Mauer vor unsere Nasen. Der Zug endet hier. So stehen wir im Finstern wie abgeschnitten von der Welt.

Gottvertraun, Jungs. Hinter dem Zug hörten wir Stimmen. Männer steigen durch die Perrons. Man sucht uns, wir sind entdeckt. Mit Unterstützung herbeigepfiffener Rotarmisten wird unser Gepäck vom Fleck gehievt. Treppe hoch, durch den Waggon, drüben Treppe runter. Rechts am Bahnhof vorbei. Dort steht ein Büschen, in das alles Zeug reinpaßt. Wir auch noch. Müde wie die Hunde.

Vor dem Gästehaus Empfang von mehreren ausgeruhten Aralsk-Vorsitzenden. Ein kleines kühles Lüftchen aus der kleinen Karakum weht uns gnädig in den Nacken. Trotzdem, wir gähnen. Wir streben ins Haus. Dort drin, wie in einem Backofen gefangen, lagert die Glut des Tages. Alle Fenster sind zugeklebt, der Salzstürme wegen. Und gegen den eisigen Buran. Wir könnten uns ja nicht vorstellen ... Wir werfen uns in die Betten. Trinkwasser in

Reichweite. Wüten gegen die Fenster. Es wäre besser im Schlafsack auf der Straße zu kampieren. Es ist die Hölle.

Aralsk, 7. Juli

Unser ausgedörrtes Hirn hat die Geophysik falsch gedeutet. Statt der geschenkten Stunde der Zeitverschiebung haben wir uns eine Stunde abgezwackt, und damit waren wir gleich zwei Stunden zu früh auf dem Plan. Auf kühlem Plan.

Ich laufe mit Aida durch den Ort. Zum einstigen Hafen. Aralsk war früher die größe Hafenstadt am Aralsee. Heute liegt hier Gerümpel, rostende Schiffe. Werft- und Speicherruinen am einstigen Ufer.

Stadtwärts ein Platz mit den öffentlichen Gebäuden. Stadtsowjet, Partei, Post. Transparente bilden einen Schirm um eine große Leninbüste.

Hinter Eisenbahngleisen Geschäfte oder, besser gesagt, Verteilerstellen. Vor einem dieser verbretterten Fenster eine Schlange hockender und stehender Leute. Kinder. Aufgereihte Krüge, Kannen, Gläser. Die Morgensonne steht schräg auf der Szenerie. Ein Kamel wiegt sich durch das große Schweigen. Des Tieres entschlossener Blick. Die gesenkten Lider der Wartenden. Milch, erklärt uns ein Mädchen, heute wird die Maschin kommen.

Im Büfett unserer Unterkunft bekommen wir Tee und Streuselschnecken.

Wir werden heute mit einem kleinen Flugzeug, einer Antonow, zum Aralsee fliegen bzw. zur Salzwüste und zu dem Rest, der vom Aralsee heute noch übrig geblieben ist.

So hat uns Aksakal gestern nacht noch während einer kurzen Arbeitsunterredung versprochen. Wir hatten, müde nach der langen Eisenbahnfahrt und dem kurzen Aufenthalt in Kasalinsk, unsere Konzeptreste ziemlich rigoros auf den Tisch gelegt. Wir wollten

103

Begegnungen mit Leuten in den Ortschaften der Aral-see-Region. In Kindergärten, Krankenhäusern, in Wohnungen und in Arbeitsstätten. Aksakal und sein Kontaktmann von Aralsk hatten uns mehrfach unterbrochen, um uns zu erklären, wie gut es mit anderen Delegationen gegangen wäre. Die Japaner, die Italiener, die Amerikaner, man habe sie erst dahin, dann dorthin gebracht. Der Reihe nach. Ich sah im Geiste die Fotos, die ich zu Haue in den Journalen gefunden hatte. Als hätte man da schon eine Plattform fürs Stativ gemauert. Ausgewiesene Punkte für den Blick ins Elend, für die beste Ansicht der Katastrophe.

Wir versuchten, dagegenzusteuern. Wieder mußten wir erklären, daß wir keine Delegation wären mit Grußadressen, keine Staats- oder Kommunaltouristen. Auch hätten wir trotz unserer vielen Fragen etwas Bestimmtes im Kopfe.

Daniel geht durch die Straßen.

Wenn er nicht selber mit in der Warteschlange stand, so mag Lena im langen Schatten der Häuser gehockt haben, neben sich ein leeres Gurkenglas. Blicke die Straße hinunter, wie durch den herschlendernden Mann hindurch, wie fragend fluchend – Milch, Milchmaschin, ich zähl noch bis tausend, dann sollte das Gefährt über die Bahnschienen scheppern.

Nächste Einstellung. Die Lehmhütte. Er trinkt aus dem Glas.

Zurück ins Leben.

Kamera, Stativ. Wir warten auf ein Auto. Gehen aus dem langen Schatten unserer Unterkunft zu den warmen, sonnenbeschienenen Bretterzäunen der Häuschen, die gegenüberliegen. Daß wir je wieder Wärme und Sonne suchen würden, hatten wir uns während der Nacht und eben noch in den backofenwarmen Zimmern nicht vorstellen können.

Auf der Treppe der Unterkunft erscheinen mit Koffern und Reisetaschen, in Reisekleidern die uns zum Vorbild erklärten Amerikaner. Baptisten. Sie hatten all die Orte besucht, die wir skeptisch zurück-gewiesen haben.

Da auch sie, nach langen Blicken auf die Uhr und die Straße nach einem Autobus absuchend, nichts weiter tun können, als zu warten, machen wir uns miteinander bekannt. Sie erklären uns, daß sie als Organisation unterwegs wären, um herauszufinden, wie Hilfe hier in der Katastrophenzone am sinnvollsten greifen könnte. Wir zeigen ihnen unser Programm und beraten die Punkte. Sie wollen nicht vorgreifen, deuten nur an, daß uns Schreckliches bevorstünde. Sie würden sich nach Kenntnis der Lage künftighin um die Ernährung der Kleinkinder kümmern. Den Aul Dschambul sollten wir unbedingt besuchen.

Das haben wir grade vor. Per Flugzeug. Wenn nur erst das Auto käme, das uns zum Flugfeld brächte. Die Amerikaner wollen ebenfalls fliegen. Mit einer Chartermaschine nach Alma-Ata. Alma-Ata? Mit dem Flugzeug? Das macht uns hellhörig. Könnten wir nicht auch? – Eine herrliche Aussicht, wir würden uns die tagelange Rückfahrt durch die Wüste sparen. Wir rechnen. Herbert dreht an seinem Zahlenschloßköfferchen, blättert in Papieren. Zeit und Geld. Blick auf den Taschenrechner. Möglich wärs.

Da unser Auto, ein Kleinbus, zuerst kommt, laden wir die Amerikaner ein, sich mit hineinzustopfen.

Für die zwölf Passagiere aus Amerika wartet auf dem Flugfeld eine solide kleine Maschine aus der ČSFR. Daneben steht ein wie aus Blecheimern und Waschbrettern zusammengenietetes Gerät. Die Amerikaner steigen ein. Die Maschine hebt ab. Fliegt, von uns bewinkt und bewundert. Also, das wollen wir auch. So wollen wir in ein paar Tagen nach Alma-Ata reisen. Doch vorher gilt es noch einiges zu schaffen. Als erstes, hinein in die Eimer. Zwei Burschen übernehmen die Aufgabe, das Gerät hochzuhieven. Als wir schöne Flughöhe erreicht haben, pflanzt sich Heiner mit der Kamera auf den Platz des Co-Piloten. Der reißt uns die rechte Einstiegstür heraus. So, meint er, hätten auch wir mit der kleinen Kamera bessere Sicht, die Katastrophe ordentlich ins Bild zu setzen.

Grauschattierte Ockerfarbe, sonst nichts. Es ist, als hingen wir an einem Spinnenfädlein und schauen von oben herab auf den Schneckenlauf der Erde.

Dokumentiere das Ausmaß des Geschehens. Wohl siebenmal haben wir die Kamera schon beiseite gelegt, es ist ja immer dasselbe: grauschattierte Ockerfarbe. An der Tönung kann man entziffern, in welchen Schritten das Meer zurückgegangen ist.

Ein zurückschreitendes Wasser, ein zum Urquell flüchtendes Element, das wäre ja noch ein mythisch tröstendes Bild. Aber unten geschieht nur Physik. Die Flüsse Syrdarja und Amudarja führen dem See von Jahr zu Jahr weniger Wasser zu, das Verhältnis von Zufuhr und Verdunstung ist umgeschlagen. Der Co-Pilot nennt Zahlen. Spricht von Desikkation. So, wie man am Totenbett, um der Unabweislichkeit des Geschehens Herr zu werden, plötzlich lateinisch über Krankheiten redet. Desikkation. Ursachen: Die Kanäle zur Bewässerung der Baumwollfelder, des Mais. Sogar Reis hat man versucht zu kultivieren. Wir wissen es ja. Kennen den Report „A Soviet Sea Lies Dying" aus der Zeitschrift „National Geographic".

Wir schweigen. Die Kamera im Schoß. Ockerfarbenes Nichts. Andächtige Furcht. Das rote Lämpchen leuchtet. Die Kamera läuft. Wir hoffen, es hätte einen Sinn. Anders können wir uns nicht helfen.

Dann zeichnet sich am Horizont zwischen Salzweiß und Himmelsblau ein dunkelblaues Band ab. Menschenfern, wunderbar. Kein Zeichen von Gift und Zerstörung. Kein Leben. Nur Farbe.

Das Salzweiß wird schnell zum Uferstreifen, das Band zum Wasser. Wir fliegen über einen Zipfel des verbliebenen Rests. Die Kamera sieht ein lapislazulifarbenes Element. Das schönste Blau. Unter uns grün. Ein violetter Horizont trennt Himmel und Wasser.

Das Wort, der Kommentar im Film, wird den Fluch liefern müssen. In dem Rest, der ja noch immer einer der größten Binnenseen der Welt ist, gibt es keine Fische mehr. Die Salzkonzentration ist gestiegen. Wir wissen es, man kann es nachlesen.

Genug Blau, genug Ockerfarbe, Salzweiß. Der Pilot dreht landwärts, das neue Ufer, die jüngsten Verkrustungen, das plangeschliffene Terrain. An einigen Stellen rostende Schiffe. Sie zeigen die Orte an, wo das Element und die Menschen einst beisammen waren. Ein einstiger Hafen.

Landung in der Steppe. Unweit eine Ansiedlung, ein Dorf, ein Fischeraul. Vorspiegelung falscher Tatsachen. Eine Filmkulisse. Kasalinsk? So könnte es sein. Erst einmal menschenleer, in der Hitze flirrend.

Heiner schultert die Kamera. Er will die rostenden Schiffe, den Schiffsfriedhof, aus der Nähe aufnehmen.

Also ziehen wir los. Ich trage die zwei Liter Wasser, eine unserer bewunderten Plastikflaschen. Drei kleine Kasachen sind aus dem Wüstensand aufgetaucht. Sie begleiten uns. Laufen barfüßig durch den salzigen Sand, halten Abstand, warten, wenn wir stehenbleiben, bolzen eine Blechbüchse voran, wenn wir vorwärts gehen. Nach einer Stunde Wegs wird aus dem Sand eine splittrige Salzkruste. Wie Altschnee im eisigen Polarsommer. Wir aber haben ungefähr 55 Grad Celsius. Meine Flasche wird schnell leichter. Ich rücke sie nur zögernd heraus und passe auf, wieviel jeder schluckt. Die schwarzen Krakel, unser Ziel, die Schiffe, halten sich immer noch fern. Die Hitze walkt die Luft zu flirrenden Vorhängen. Die Augen tränen. Ein schwimmendes Schwarz zieht uns weiter. Die barfüßigen Kasachenkinder bleiben zurück. Entferntes Klappern der Blechdose. Weinende, wehklagende Kamele. Die Salzkruste bricht unter unseren Schritten.

Krakel entziffern.

Die Schiffe stehen wie arme, verletzte Kreaturen. Im Tode verlassen. Das Salz, der Wind, der Sand graben sie mählich ein.

Die Flasche ist leer. Wir geben auf. Heiner versucht Aufnahmen mit dem Teleobjektiv.

Auf dem Rückweg treffen wir auf halbverwehte Kamelkadaver. Der Kopf eines gehörnten Rindes ragt aus dem Sand. Ein Auge sieht uns an. Es ist ein verschwörerischer Blick. Na ihr? – Eine Anrufung und eine Frage.

Wieder trudeln die Kinder an unserer Seite. Sie kommen näher. Bernd wirf ihnen die leere Plastikflasche zu. Der Kleinste hat sie aufgefangen. Der Größere versucht sie ihm zu entreißen, doch das läßt der Kleine nicht zu. Er drückt sie gegen den Bauch, krümmt sich darüber und schlägt rückwärts mit dem Fuß aus. Der Große gibt schnell auf. Der kleine Kampf ist wie ein Ritual. Die Anstalten des Großen, der Widerstand des Kleinen. Seine Siegerlaune. Der Frieden ist schnell wieder hergestellt. Die Blechbüchse. Heiner, Bernd und Herbert treten mit.

Aida, die blaugrün aus dem Flugzeug gestiegen war, hat sich während dieses Hitzemarsches wunderbarerweise erholt. Ich aber habe einen Schwächeanfall. Elendes Bauchgrimmen, Schwindel, ein merkwürdig pochendes Herz.

Ich schleiche hinter unserem Grüppchen her. Wir erreichen die Hütten des einstigen Fischerauls Dschambul. Ich lasse mich im Schatten eines Lehmgemäuers sinken. Schlau, wie es die Schafe machen. Ich versuche zu atmen und rede mir zu, Herz sei still, Därme gebt Frieden.

Aus den Augen sehe ich, wie sich mein Grüppchen in der seltsamsten Szenerie umtut. Es ist der Ort, den ich als mein Kasalinsk mit nach Hause nehmen werde. Ich denke: Stellt die Kamera auf, schwenkt, dreht, richtet den Blick auf die Frau mit dem Eimer, den bärtigen Alten mit dem Kind, die scherenschnittartige

Abschiedsszene und darauf, was sich mit dem Jungen, der mit dem dicken Seil hantiert, tut.

Er arbeitet einen Eimer aus einem unendlich tiefen Brunnen herauf. Fördert Wasser zutage. Schleppt das Wasser zu einem Trog. Da kommen raumgreifenden Schritts die Kamele, eilig aus allen Richtungen die Schafe und Ziegen. Eine junge Frau wacht am Trog. Sie jagt die Kamele weg. Ein Gejammer bricht los. Geheule, wie wir es schon in der Salzsteppe gehört haben. Heulende Kamele. Und das ist nun der Grund: man läßt sie nicht trinken. Es geht mindestens einer Reihe nach, und sie sind die letzten, und das paßt ihnen nicht.

In der Totale breitet sich eine weite, durch Senken und Hügelchen gegliederte Sandmulde. Des Dorfes Mitte. Die Mitte des Tages. Tränkzeit. Eine stille Geschäftigkeit. Mensch und Tier folgen täglicher Gewohnheit, da braucht es keiner Worte. Keiner Rufe. Der Junge zieht Eimer für Eimer herauf. Wie er machen es Frauen an zwei anderen Zisternen. Kasachinnen. Sowjetfrauen. Kinder tummeln sich. Alte Männer halten Ausschau, ob alles noch wie gestern ist, wie vorgestern. Die dürren Pferde, die Ziegen, Schafe, die Kamele. Vor zwanzig Jahren, da war es noch anders, da sind sie noch hinausgefahren mit den Fischerbooten, und die Alten standen an einem Ufer und schauten aufs Wasser hinaus. Sie wußten alles über Fangzeiten und günstige Wetter.

Die Fantasie versagt, sich diesen inmitten der Wüste liegenden Ort als ein Fischerdorf vorzustellen.

Der Schriftsteller Nurpeissow hilft. Sein Roman „Der sterbende See" beschwört eine Dorfgemeinschaft. Er beschreibt die letzten Tage, den Versuch, am Element festzuhalten. Immer weiter fahren die Männer hinaus auf den See, mit immer weniger Fischen kommen sie heim. Ein leeres Netz. Da hört man die Götter höhnisch lachen.

Herz, sei still. Für mich heißt dieser Ort Kasalinsk, nicht zu verwechseln mit dem Kasalinsk auf der Landkarte oder mit Nowokasalinsk, das sich uns unterwegs hierher mit jenem pompösen türkisfarbenen Bahnhof präsentierte. Es ist die Kulisse eines Films, der Ort meines Verbannten Daniel. Sein Fleisch und Bein geistert im Dämmerlicht.

Heiner, hast du die drei Kamele gesehen, wie sie im Sande saßen mit langgestreckten Hälsen, die Nasen gegen den Himmel, so als richteten sie ihr Klagelied gegen Gott, aber gleichzeitig auch gegen uns Fremdlinge mit leeren Taschen. Ihre Blicke folgen uns aus den Augenwinkeln, als wir zum Vorsitzenden hinübergehen.

Die drei Kamele und all die anderen, die in der Sonne verharren, die Ziegen auf dem Dach, die Schafe, die den letzten Tropfen aus der Tränke lecken. Heulen hinter unserem Rücken. Klagen der bedrängten Kreaturen.

Der Vorsitzende hat uns eingeladen in sein Haus. Es ist das solideste Lehmgemäuer des Ortes. In einem kleinen Innenhof, durch Stall, Mauer und Wohnhaus gebildet, werden wir von der Familie empfangen. Der Mann stellt sich vor. Kapanov Schanabei, Vorsitzender des Fischerei-Kolchos. Frau und Tochter lächeln uns zu. Sie tragen Tabletts und Kannen über den Hof. Es riecht nach Hammelbraten. Wir waschen uns Gesicht und Hände und dürfen dann auch mit den Füße durch den vor der Haustür aufgestellten Waschtrog gehen. Tief atmen. So kehren meine Lebensgeister zurück.

Weiter genesen werde ich im dunklen Raum, darin wir im Kreis auf einem Teppich sitzen, im Rücken und unter den Armen große Kissen. Speisen in der Mitte. Kasachische Nudelsuppe mit Hammelfleisch, Hammelfleisch pur, verschiedenes Gebäck, Walnüsse, Tomaten. Tee. Meine Gesellen lassen sich nicht zweimal bitten. Aida knappert an einem Keks. Sie tut so, als würde sie schlucken. Auch unter den Augen des Vorsitzenden Kapanov Schanabei will sie ihr wichtigstes Reiseanliegen nicht aufgeben. Der Babyspeck soll von den Hüften gehungert werden. Zu Hause in Alma-Ata hatte sie gedacht, daß die Gegend um den Aralsee für eine Null-Diät sehr geeignet wäre. Mit uns aber gerät sie in Teufels Küche.

Ich halte mich an meinem Teeschälchen fest, und das ist gut.

Meine Gesellen bewundern die Teppiche an den Wänden. Schöne Stücke. Wieviel kostet denn so einer? Würden Sie welche verkaufen? Oder wissen Sie einen, der Teppiche verkauft?

Ich bin schon bei der ersten Frage ziemlich erschrocken. Der Vorsitzende wiegt verlegen den Kopf. Die Frau sieht vor sich nieder. Sie schenkt angelegentlich Tee ein. Die beiden Piloten nehmen als moderne Menschen das Wort. Sie erklären, daß hier in der Gegend nur noch wenig Teppiche hergestellt würden. Die Qualität der Schafwolle sei nicht mehr so gut wie früher.

Also nichts zu verkaufen? Na schade.

Mein Tee, ein Genuß. Und Kapanov Schanabei, der im Fischeraul Dschambul vor fünfzig Jahren geboren wurde, erzählt:

Zum letzten Male sind wir 1970 zum Fischfang gefahren. Da war ich dreißig Jahre alt. Wir waren 2500 Menschen hier. Nun sind wir noch 1000. Und wovon leben wir? Vom Fischfang. Das haben wir gelernt. Von dem Platz aus, wo das Flugzeug steht, geht die Reise so um die 2000 km weit, in eine Gegend mit künstlichen Teichen. Dort holen wir Fische ein, die Frauen arbeiten in Kühlhäusern oder Konservenfabriken. Schließlich kommen wir wieder heim. Hier haben wir unsere Kinder, die Tiere, hier sind wir geboren. Hier befindet sich unser Friedhof, hier ruhen unsere Großeltern. Die Ahnen.

Ich verbeiße mir die Frage, ob es nicht besser wäre, in die Gegend dieser Seen umzusiedeln, die Teppiche

111

könne man ja mitnehmen, die vier Schafe vorher schlachten. Um die Lehmwände müsse man gewiß nicht weinen, die könnte man schnell woanders wieder hochziehn. Ich verbeiße die Frage aus Vorsicht und Feigheit, und weil ich mich immer noch kränkelnd mit meinem Tee im Hintergrund halten muß. Wieviel kostet euer Teppich? Ist dies nicht schon bübisch genug? Ein Hinweis auf das, was die Welt im Äußersten zusammenhält.

Nach einer Vertretpause im Innenhöfchen, während der im Haus das Geschirr und die Speisen gewechselt werden, heißt es, weiter im Text und mit dem Essen.

Stutenmilch, wie wärs?

Halt, ruft Sascha, bloß nicht. Wenn du noch nie Stutenmilch getrunken hast, bringt sie dich um.

Also lasse ich den Becher feige und vorsichtig an mir vorübergehen und nehme lieber noch mal Tee und ein Stück Melone.

Als wir aufs neue mit Essen und Trinken versorgt sind, nimmt der Vorsitzende feierlich offiziell das Wort. Was wir zu tun gedächten für die Menschen hier?

Uns bleibt die Melone auf der Zunge liegen.

Der Vorsitzende redet. Sascha übersetzt: Die Franzosen hätten eine Entsalzungsanlage versprochen, die Italiener hätten Wasser geschickt, die Japaner würden eine Grundwasseranalyse fertigen. Er bitte uns, siebzig Kilometer Wasserleitung zu legen. Das Wasser in den Zisternen sei für Menschen nicht genießbar und eigentlich auch für Tiere schädlich. Sie bekämen ihr Trinkwasser in Wassertanks aus Aralsk, zum Sterben zu viel, zum Leben zu wenig. Er wiederholt: Mit einer Wasserleitung wäre dem Ort Dschambul übers Gröbste geholfen.

Wir kauen, schlucken, wissen, er hat recht. Was wollen wir eigentlich hier? Kasalinsk suchen. Die Wahrheit finden. Na fein.

Die Piloten haben lange geschwiegen, nun ereifern sie sich. Alles wäre einfach eine große Sauerei. Die

Oberen würden bitten und klagen, das Ausland möge helfen. Die Funktionäre hielten ihre Vorträge und organisierten Kongresse, chauffierten die ausländischen Gäste wer weiß wohin. Das sei doch nur, um mit den Delegationen und ausländischen Fachleuten zu saufen und zu tafeln.

Der Vorsitzende Kapanov Schanabei schüttelt verwirrt den Kopf. War er gemeint?

Die Schüsseln und Schalen in der Teppichmitte grinsen uns an.

Endlich nimmt einer das Wort. Herbert erklärt, daß wir leider, bis auf ein paar neckische Kleinigkeiten, z. B. Digitaluhren, Strümpfe, Nagellack, Rasierklingen, Füllhalter und Malbücher, mit leeren Händen gekommen wären. Wir seien ein nichtsnutziges Fernsehteam.

Sascha übersetzt. Der Vorsitzende bewegt kein Auge. Der Punkt ist abgehakt. Er kommt nun zum Schluß, wünscht uns und unseren Lieben zu Hause Glück und Verstand und fragt uns: Was ist das größte Zeugnis?

Heiner streichelt den Teppich in seinem Rücken.

Ich nippe vom Tee.

Wenn die Himmel sich spalten und wenn sich die Sterne zerstreuen und wenn die Meere emporgeworfen werden und wenn die Gräber umgekehrt werden, dann weiß die Seele, was sie getan und was sie unterlassen hat. O Mensch, was hat dich von deinem hochsinnigen Herrn abwendig gemacht, der dich geschaffen, gebildet und wohlgestaltet hat? Aber siehe, über euch sind wahrlich Hüter und Schreibengel, welche wissen, was ihr tut.

Das Buch der Frevler ist in Siddschin. Und was lehrt dich wissen, was Siddschin ist? Ein geschriebenes Buch.

Fürwahr das Buch der Gerechten ist in Illijun. Und was lehrt dich wissen, was Illijun ist? Ein geschriebenes Buch. – Bezeugen werden es die nahestehenden Engel.

Wir pflichten dem Vorsitzenden mit erhobenen Tee-schalen bei. Auf die Nahestehenden.

Nun müssen wir etwas sagen. Sascha bedeutet uns diese Gästepflicht. Dringlich. Redet endlich. Die Pause dehnt sich zu einem großen Loch. Sascha klaubt, peinlich berührt, eine Handvoll Nüsse vom Teller. Die Piloten lümmeln schläfrig in den Kissen. Kapanov Schanabei ist aufgestanden. Er hält uns seine Hände entgegen. Offen, wie eine Schale, die einen Regen-tropfen auffängt.

Sprich du! Die Augen der deutschen Männer ruhen auf mir. Ich sei die Chefin. Ich? Auf einmal ich. Ich weigere mich. Hier im islamischen Kasachstan, ich denke nicht dran. Es gehört sich nicht, daß eine Frau vor den Männern das große Wort führt. Es ist nicht Sitte.

Sitte hin, Sitte her, meinen die Männer. Doch ich bleibe dabei. Warum sollte ich die Ordnung ihrer Welt stören? Warum sollte ich die Bequemlichkeit meiner Herren stützen? Warum sollte ich die Kasperin sein?

In die offenen Hände fallen drei Sätze. Herbert drechselt ein dürres Dankeschön.

Wir brechen auf.

Auf dem Weg zum Flugzeug äußere ich einen schrecklichen Verdacht. Das Wasser, das wir kisten-weise in Alma-Ata im feinen Hotel „Dostyk" in einem Intershop für harte Mark gekauft haben, stamme viel-leicht aus einer Hilfsaktion für die Kinder von Dschambul und von Aralsk, sei gedacht für die Bevöl-kerung in den Elendsgebieten vom Aralsee. Nach den Etiketten kam das Wasser aus Italien. Aqua minerale. Da Firenze. Vor einem halben Jahr waren Italiener hier. Auch sie wurden inständig um Hilfe gebeten. Heiner hält die Flasche. Er zögert. Er trinkt. Verfluchte Welt. Verdreckte Erde. Man kann nicht so viel trinken, wie man pissen möchte. – Ein bewährter Spruch, bloß, wohin zielen?

Zudem geschieht es, daß uns einer der Unter-Stellvertreter des Vizepräsidenten der Organisation „Capagat" um Wasser für seine Frau bittet. Sie sei schwanger, erklärte er. Das Wasser der Gegend sei verseucht. Er deutete an, daß man immer noch Versuche mit Chemiewaffen auf der Insel mache. Ich will Genaueres wissen, doch er geht zu den Männern, bei denen gelacht wird. Über die Flugtechnik. Fliegerwitze. Dann Späße mit der Boden-Stewardeß. Sie eilt über das Flugfeld, empfängt uns. Läßt lauter goldene Zähne blitzen, hält den festgezurrten schwarzen Haarknoten fest vor dem Wind, der plötzlich mit uns vom Aralsee hergekommen ist. Wirbel von allen Seiten. Wir melden unsere Wünsche an. Eine Chartermaschine nach Alma-Ata. Sie will ihr Bestes tun. Das verspricht sie uns.

Mir liegen noch die Fragen an den Unter-Stellvertreter auf der Seele. Aber es gibt keine Gelegenheit. Die Dolmetscherei, auf die ich in diffizilen Fragen angewiesen bin, wird immer schlechter. Sascha, der Gute, macht sich mit dem Team einen fröhlichen Tag. Laut gerufen und festgenagelt, hätte er gewiß seine Dienste getan. Doch mit rollenden Augen und immer in dem Gefühl, einer elenden Nebensache zu dienen. Wenn sich ein Gespräch in die Länge zu ziehen droht, bringt er ein eigenes abschließendes Urteil ein.

Herr Kapanov, haben Sie von dem Roman „Der sterbende See" von Nurpeissow gehört? Haben Sie das Buch vielleicht gelesen? Ich würde gern wissen, was Sie davon halten...

Um Gottes willen, die läsen hierr nischt, die hamm anderäs zu tun.

Damit ist das Kapitel hinfällig.

Auch mit der Nachfrage über die Chemiewaffenversuche auf der Insel komme ich nicht weiter. Sascha meint, das wisse sowieso niemand. Der Unter-Stellvertreter, an den ich mich noch einmal heranmache, will meine Russischvokabeln und meine Schulgrammatik nicht mehr verstehen. Ich gebe ihm das erbetene Wasser für seine Frau.

Verdammt, die Flaschen scheinen Beine zu kriegen.

Wir, Aida und ich, strecken in unserer stickigen Stube die Beine unter den Tisch und gönnen uns einen Becher. Herrlich, wunderbar, köstlich, jeder Schluck mit andächtigem Genuß.

Wenn wir auch keine Luft zum Atmen haben, so besitzen wir doch in unserem Zimmer einen Fernsehapparat und eine Frisiertoilette mit schwenkbaren Spiegeln. Während ich noch genießend am Tisch sitze, dreht Aida sich vor dem Spiegel und prüft am Rockbund. Schon kann sie die Hände hineinstecken. Wie ein Mädchen aus dem Kinderballett sieht sie aus. Die Haare müsse sie waschen. Sie zieht ein gelbes Polohemd aus der Reisetasche. Gelb zum schwarzen Haar. Sie erzählt wieder von Olga. Ob sie wohl den Bürgermeister geheiratet hat? In Deutschland ein Auto fährt? Vielleicht hat sie schon Kinder. Das Leben ist ungeheuer spannend. Die Eltern möchten gern, daß sie, Aida, zu Haus wohnen bleibe. Das würde sie aber auf gar keinen Fall tun. Ihr Bruder sei verheiratet und habe schon einen Sohn. Die junge Familie wohne in einem anderen Viertel von Alma-Ata. Die Frau des Bruders sei eine Kasachin. Eine Traditionalistin, ihre ganze Familie sei so altmodisch, sie habe den Bruder absolut für sich eingenommen. In der Wohnung gäbe es nur Teppiche, ihr kleiner Sohn spräche perfekt Kasachisch. Aida selbst und auch die Eltern könnten nur Russisch. Ob Olga wiederkommen wird? Olga spräche hervorragend Deutsch. Sascha habe neulich um Rat gefragt: Er suche eine Mitarbeiterin im deutschen Fernsehstudio. Eine Ansagerin. Sie habe Olga empfohlen. Es könnte ja sein, daß sie wiederkommt, wiederkäme...

Ich habe eine kleine Kollektion aus unserem Geschenkesack für Aida aufgebaut. Nagellack, Kugel-

116

schreiber, Digitaluhr... Sie beschwor mich. Nein, um nichts in der Welt, sie dürfe nichts nehmen.

Nun aber sehe ich, wie Aida hingebungsvoll damit spielt. Die Stifte probiert. Die Uhr, da wüßte der Bruder Bescheid, er könne mit Digitaluhren schon umgehen... Endlich fühle ich mich einmal wohl mit meinen milden Gaben. Schließlich hatte ich früher auch solche Geschenke bekommen, und ich habe nicht vergessen, wie ich mich über manche Kleinigkeit gefreut habe. Wie ein Schneekönig. – Aida ist wieder einmal mein Spiegelbild, ein dunkelhaariges, schräg-äugiges Kind, geboren in Alma-Ata.

Apropos Olga: sie wird wohl nicht wiederkommen, habe ich prophezeit.

Aber wenn sie beim KGB ist?

Dann vielleicht.

Plötzlich beschleicht mich die Vorstellung, daß auch Aida bestimmte Nebenaufgaben erfüllen könnte. Aber was wollte sie ihren Herren berichten? Das, was längst alle Welt weiß. Wie böse es aussieht. Korrupt. Leer. Kaputt. Immer noch enden alle neu gebahnten Wege in Sackgassen. Ich frage mich, wie soll sich dieses Land je von seinen Geheimdienstleuten befreien, von den im finsteren wirkenden Mächten. Ich weiß ja von zu Hause, wie schwierig das ist. Wer will, kann einen Teil seiner Macht und seines Geldes aus dunklen, mafia-artigen Organisationen beziehen.

Sascha, Aida – vielleicht gibt es Devisen dafür. Mein altes bösberechtigtes Mißtrauen zeigt, daß es noch nicht zum Teufel gegangen ist.

Aida hat von zu Hause einen Fön mitgebracht. Sie wäscht und fönt. Alles für Heiner. Ein Schalk, der Böses dabei denkt. Immerhin, man sollte in Rechnung nehmen, Schälke kennen das Leben.

8. Juli

Die im Haus gefangene Hitze läßt dich nicht schlafen. Du wirfst das Laken. Die Hitze des Tages steckt auch in dir. Treibt den Schweiß, wirbelt die Gedanken. Was hält die Leute hier fest?

Das Wasser wird in höchstens hundert Jahren wieder hierherkommen. Es geht nicht zu wie in der Politik, wo es Wunder gibt. Für ewig geweissagte, von Menschen aufgetürmte Mauern lassen sich von Menschen in einem Jahr einreißen, aber die von Menschen zerstörte Natur braucht Zeit, um wieder zu sich zu kommen. Es gibt nicht einmal ein hilfreiches Rezept.

Hat sich die Population hier aufgegeben? Die Kräftigsten halten noch eine Weile durch – dann ist es aus und vorbei. Über die Ortschaften wächst die Wermutsteppe.

Legenden erzählen, Akten belegen, wie es an anderen Orten in früheren Zeiten zugegangen ist. Da hat ein tüchtiger Mann, bevor es zu spät wurde, die Meute zum Aufbruch bestimmt. Meist war ein Mutiger vorausgegangen, der hatte den neuen Platz ausgesucht. Schweizer, Hugenotten, Böhmenflüchtlinge waren nach Preußen gekommen. Nach dem Edikt von Potsdam war jeder dritte in Berlin ein Ausländer. Deutsche hatten sich aufgemacht nach Amerika, nach Rußland. In Amerika sind sie auf der Suche nach einem besseren Diesseits von Ost nach West gezogen.

Es gab offenes Land und Steuererleichterungen für die Kömmlinge. Statt der Umsiedlerheime bot sich die Natur. Wald, Flüsse und Wiesen.

Erzählungen und Gemälde machen das Abenteuer anschaulich. Sie beschwören gern die Idylle. Auf meiner Schlafstatt in Aralsk am Aralsee, in dieser Sackgasse der Menschheit, fällt mir das Gemälde des Amerikaners Thomas Cole ein, „Ein Heim in den Wäldern“. Es steht wie eine Verheißung für friedlich gesunden Schlaf. Ein frisch gefügtes Blockhaus nahe an einem Wasser. Es ist Sommer, die Türen und

118

Fenster stehen offen. Ein kleiner Rauch steigt auf. Zeichen, daß es bald Essen gibt. Frau und Kinder erwarten den Mann, der auf schmalem Weg vom See herauf kommt. Er hat schon für den nächsten Tag gesorgt. Er trägt einen schweren Fisch. Teppiche, Tücher und Kleider hängen zum Trocknen. Hausrat auf einer Bank. Körbe und Kiepen unter einem Vordach. Bäume stehen schützend ums Haus. Etwas Holz liegt zersägt im Vordergrund. Windbruch oder Einschlag durch Kraft und Macht eines Menschenwerkzeugs? Die Baumwipfel hinterm Haus zeigen an, daß die Wetter den Bäumen wie auch den Menschen hier nicht nur freundlich begegnen. Berge im blauen Dunst des Hintergrunds deuten auf andere Welten. Götter und Dämonen wohnen dort, Kräfte, die Herrliches und Schreckliches vermögen. Man muß das Gute empfinden und nehmen und das Böse fürchten, aber auch erkennen, um sich listig dagegenzustellen.

Das Heim im Wald ist ein wunderbarer Platz für die Ankömmlinge. Ein Augenblick der Idylle. Ein idyllischer Augenblick. Der Betrachter weiß, daß die Gefahr nicht nur hinterm Berge steckt, sondern auch in der Kraft und List, die den Baum gefällt, den Platz für das Blockhaus geebnet hat.

Im Ural oder im Alatau, in den Ausläufern des Tienschan gibt es solche Bäume, solches Wasser, Berge in der hohen Bedeutung dieses Bildes – unberührt, den Menschen ein Wohlgefallen und eine Herausforderung.

Soll ich mir wünschen, daß ein beherzter Mensch käme, ein Pastor, der seine Herde von den abgegrasten, vergifteten Feldern, den versalzenen Ufern führe hin zu den Resten der unberührten, menschenfreundlichen Natur. Auf daß er die Unschuldige auch dort noch verletze? Immer noch glaubend, er dürfe nur zu seinem Heile verfahren und sündigen, wo und wie es ihm passe?

Sollten die von Menschen geursachten Verhältnisse am Aralsee nur ein schmerzhaft deutliches Zeichen des sonst gefährlich schleichenden Untergangs der Gattung sein?

Grausliche Verhältnisse, die, wie zum Spott des Menschen durch Menschen, als die glücklichsten gepriesen wurden. „Glückliches Jahrhundert – Kommunistisches Jahrhundert" stand von Wladiwostok bis Schierke im Harz auf den Spruchbändern. Glückliches Jahrhundert. War schon die Losung früher auf der Langen Brücke in Potsdam eine Anmaßung und eigentlich auch unanständig gegen unsere Ahnen, hier in kyrillischer Schrift inmitten der versalzenen Erde, wenige Meter vom Krankenhaus entfernt, wo sich werdende Mütter eine Flasche Wasser erbetteln, empfinde ich sie menschenverachtend.

Für die Komödie, die in der Kluft zwischen Schein und Sein steckt, vergeht einem in Aralsk der Sinn.

Außer dem Verhängnis einer von Moskau diktierten kommunistischen Umgestaltung, sprich Zerstörung der Natur, sind die Menschen hier obendrein noch mit einer Religion geschlagen, die das Unglück demütig hinnimmt. – Oder werte ich die Lebenshilfe ihrer Religion als engherzige, in Schlesien getaufte, sächsisch kultivierte Brandenburgerin? Ist mir ihr Seelenheil verschlossen?

Heimweh.

Wieder einmal erfahre ich, wie ich nicht nur eingeschlossen bin in meine Haut, sondern auch in meine Herkunft. Etwas zwingt mich, ich habe mich zu meiner kulturellen Herkunft zu bekennen wie zu meiner Nase und zu meinem Alter.

In meiner Schläfrigkeit und in meinem Schweiße ahne ich, daß ich keine Chance hätte zu fliehen. So aufgehoben ich mich in meiner Haut und meiner Kultur fühle, so dunkel empfinde ich dieses Diktat der Jahrhunderte als tierische Enge, mindestens als arge Begrenzung.

Wie, wenn ich künftighin in einer Jurte leben sollte? Vor ein paar Tagen hatte ich eine Wortpastorale losgelassen, Liebeserklärungen an ein Kasachenpaar – wie, wenn ich von morgen an den Platz dieser kunterbuntgekleideten Frau einnehmen müßte? Oder wenn ich gar hier hausen sollte! – Die Hitze der Nacht quirlt die Tagesereignisse, die Bilder und Erzählungen zu einem Alptraum zusammen. Immerhin, in der Jurte am Blauen Fluß hatten sie einen Fernsehapparat. Mozarts Figaro tönte über Kurzwelle aus dem Radio. Ich sehe mich in der Herberge von Taldy-Kurgan mit einem Scheuerlappen hantieren. Die Kljutschmama klopft. Sie reicht mir eine Prawda-Tüte mit Sauerkirschen durch die Tür. Bewundert auf deutsch einen frisch gestrichenen Stuhl. Als ich ihr erklären will, wo ich die Farbe geklaut hätte, legt sie den Zeigefinger auf die Lippen. Sie zeigt an die Zimmerdecke, in die Ecken. Ich nicke, ich verstehe sofort. Wir lächeln uns verständnisinnig zu.

Ich atme auf. Ich jubele beinah. Man kann doch aus der Haut. Mindestens mit einer kleinen Lüge. Der Traum hat mich von Aralsk nach Taldy-Kurgan versetzt. Dort befindet sich für mich ein struppiger, dreckiger, betonbekleckerter Winkel vom Paradies.

So ist das Leben, mein Daniel. Du kommst aus einem sibirischen Straflager, dort haben sie dir deine sieben Jahre Jugend und deine schwarzen Haare genommen. 27 Jahre bist du alt – grau, doch immer noch ein Kind im Glauben. Die Zukunft heißt Sozialismus. Sozialismus, was ist das? Wer hat schon Zeit in der Salzsteppe von Kasalinsk danach zu fragen. Es ist gut, daß es in der Verbannung eine Hoffung auf Besseres gibt. Vorläufig mußt du nur überleben, wenigstens so lange, bis du die Zukunft am Schwanze packst. In Deutschland, wo die Mutter lebt und die Schwester, dort sind die Feinde des Fortschritts geschlagen, dort herrscht das Volk, die Mutter, die Schwester.

In der Verbannung darfst du gehen, soweit dich deine Beine tragen. Niemand befielt dir deine Wege – kein Gott, kein Kaiser noch Tribun. Du mußt nur achtgeben, daß dich deine Beine wieder zurückbringen, zu den Hütten der Menschen. Wenn du auch unsere Gebete nicht verstehst, unseren Kumys wirst du trinken, unsere Kamelbutter wird dir ein Labsal sein. Den Vollmond wirst du wiedererkennen, die Sterne, die Sonne, die den Tag bringt, im Sommer mörderisch hochfahrend, im Winter scheinheilig gleißend, glitzernd, in Eis und tödlichem Schnee. Ein Dach über einem Lehmgemäuer. Das ist dein Heim. Du atmest auf. Du jubelst beinahe.

Es ist schlimm, wie sich Menschen verschiedener Nationalitäten zu Feinden machen. In Amerika redet man vom Schmelztiegel. Auch in Preußen ging es bunt zu – bis die Germanomanie über Deutschland kam. Hier aber trennen sich augenblicklich in schmerzlichen Auseinandersetzungen Länder, Gebiete, ja sogar Familien. Der Gewaltakt, der diese Menschen einmal zusammentrieb oder zu verbinden suchte, läßt sich nicht nachträglich in einen vernünftigen status quo verwandeln. Es sind mithin nicht nur ökonomische Gründe, die den Zusammenbruch der Sowjetunion verursachen.

Aus vermauerten Nischen, Trümmern, aus verbotenen Büchern und in den Reden der Uralten treten plötzlich beinahe vergessene Kulturen hervor. Sprachen, Schriften, verdrängtes Leben, verleugnete Geschichte.

Das Vergessene wird mählich öffentlich. In Taldy-Kurgan hatte uns der Begleiter vom Gebietsfernsehen, kaum daß wir das Gepäck abgestellt hatten, in ein Museum geführt. Es war das Geburtshaus des Dichters Jlja Schansigirip, hutzlig wie alle Geburtshäuser von Musikern oder Dichtern. Uns wurde erklärt, er, der kasachische Nationaldichter, sei 1938 mit zwei

Freunden von den Stalinisten abgeholt und ein halbes Jahr später erschossen worden. Es sei eine Kampagne gegen die kasachische Intelligenz gewesen, der ersten Generation mit Hochschulbildung – eine Ausrottungskampagne.

Ob Russen hierher kommen? fragte ich.

Sehr viele Schüler besuchen das Haus unseres Dichters.

Schulklassen?

Ja.

Die Frage, spürte ich, gehörte sich nicht. Es war wie in einer Familie, wo ein dunkler Punkt – Onkels Scheckfälschung – einfach nicht berührt wird. Wehe aber, wenn der Tag kommt.

Auch im Schmelztiegel Amerika, man weiß es, herrschen Spannungen. Zunehmende sogar.

Die Traditionalisten unterscheiden zwischen einer „multirassischen Gesellschaft" und einer „multikulturellen Gesellschaft". Sie meinen, jede Gesellschaft benötige ein allgemein anerkanntes Wertgefüge. Neuankömmlinge sollten sich deshalb der Mentalität anpassen, auf der die Staaten ruhten und sich entwickelten.

Bei Allan Bloom, einem Autor, der in Amerika Furore machte, habe ich gelesen, daß er in unserer Zeit durch die heutigen Einwanderer aus aller Welt in den auf westliche Werte gegründeten USA eine Art „kultureller Überdehnung" fürchte.

Ein Gegenargument kommt vom Historiker Thomas Bender. Er sagt: Wenn das Zentrum nicht standhalten kann, so muß es sich neu definieren. Bender zufolge sollte es „das sich ständig verändernde Ergebnis eines fortwährenden Wettbewerbs zwischen gesellschaftlichen Gruppen und Ideen um die Macht zur Definition der öffentlichen Kultur" sein.

Von meinen Bekannten aus den USA, besonders von meinem Freund, dem Historiker Yanie, weiß ich, daß der Meinungsstreit an den Universitäten wirklich im

Gange ist. Der traditionelle Fächerkanon mit Griechisch, Latein und europäisch geprägter Geisteswissenschaft soll zum Beispiel um die Kulturen Afrikas, Asiens und anderer Erdteile erweitert werden. Doch die Debatten sind nicht nur geprägt von intellektueller Redlichkeit, oft spielen auch politische Berechnungen mit. Künftighin werden neue Mehrheiten diese Streitpunkte mitentscheiden. Man spricht von der Bräunung Amerikas.

Die Demoskopen wissen es bereits: im Jahre 2000 wird der „Durchschnittsamerikaner" kein Weißer mehr sein. Einst war Amerika ein Mikrokosmos europäischer Nationalitäten, heute ist Amerika ein Mikrokosmos der Welt.

Aber was hat die Einwanderungspolitik Friedrich II. oder Amerikas mit dem Zusammenschluß und der Vertreibung und Ansiedlung der Völkerschaften in der Sowjetunion in den dreißiger Jahren zu tun? – Nichts.

Vielleicht gibt es Augenblicke, wo die Tränen dessen, der freiwillig geht, und dessen, der mit einem Gewehrkolben über die Schwelle gestoßen wird, gleich bitter sind.

Siebzig Jahre durfte die verletzte Volksseele nicht reden. Und nun?

Die guten Bilder vom Basar in Alma-Ata lassen hoffen. Auch die jungen Leute im Tanzsaal von Taldy-Kurgan behaupten ein friedliches Zusammenleben. Westeuropäische Musik würfelt sie juchzend durcheinander. „Tschinggis-Chan", da bleibt kein Asiate ruhig am Tisch sitzen, das ist jetzt sein großer Auftritt. Der Tanzboden bebt. Dann gibts die „Weißen Nächte von Leningrad". Die etwas größeren Burschen, die Russen, schieben die etwas dickeren Mädel durch den Saal. Die vorigen bleiben jetzt sitzen. Sie müssen sich nun unbedingt ausruhen. Aber das ist die Ausnahme. „Satisfaction" gilt für alle. Da geht kein Apfel mehr zur Erde.

An den jungen Leuten kann man sich freuen.

Von den dauernden Keilereien in den dunklen Büschen wurde mir nur erzählt.

Und das Mädchen, das unbedingt seiner Babuschka ins Übersiedlerheim nach Zittau nachreisen wollte?

Gegen Morgen herrscht immer noch Alptraumklima im Zimmer.

Hast du gut geschlafen? Aida, perfekt wie eine Muttersprachlerin. Ich hab geträumt, und du?

Ich auch.

Die Frühsonne steht schräg auf den in die Lehmwand verkitteten Schreiben.

Kann es sein, sage ich, daß die russischen Funktionäre uns die Reise hierher verwehren wollten, damit die Sünden der Administration aus Moskau unter Stalin und Chruschtschow, sprich die ökologische Katastrophe am Aralsee samt den Belastungen durch Chemie- und Atomwaffentests nicht ins Bild kämen. Russische Sünden. Die kasachische Organisation hingegen sei daran interessiert, daß das Ausland erfahre, was hier passiert ist. Die Anweisungen für die Zerstörungen, Pläne für den Bau der Bewässerungsanlagen kamen aus Moskau. Bis gestern durfte niemand widersprechen. Eine Anklage Rußlands, eine Rechtfertigung Kasachstans...?

Ja, das kannst du so sagen. Für Aida ist das klar. Es regt sie überhaupt nicht auf. Sie dreht am Wasserhahn: Spaziert nicht, sagt sie. Spaziert kein bißchen.

Das wundert mich nicht. Warum sollte nach so einer Nacht das Wasser laufen.

Draußen, vor unserer Gostiniza, ist es wunderbar kühl. Ein kleines Lüftchen empfängt uns.

Wir werden heute im Ambulatorium drehen.

Ambulatorium, was ist das?

Ich kläre meine Mainzer auf. Bernd als gebürtiger Ost-Berliner hört zu, als wäre er nie in so einem Ostärztehaus gewesen. Es ist schon komisch, wie ich hier immer wieder auf meine jüngste Vergan-

genheit treffe, wenigstens was die Organisations-
formen und Rituale angeht. Bernd hat erst mal alle
Osterfahrungen zusammen mit seiner Kindheit in
einen Brunnen plumpsen lassen. Deckel drauf. So
kommt es mir vor. Irgendwann wird er sich vielleicht
wieder an seine Kindheit und alles, was daran hing,
erinnern.

Wir stehen mit der Kamera vor dem Brettertor eines
einstöckigen Hauses, Barackenstil, wie ich ihn kenne
für Landschulen, Ambulatorien, Landkulturhäuser.
Schauen die Straße entlang. Wir sind ja eigentlich in
einer Stadt, doch das zeigt sich höchstens im Zentrum,
wo sich die drei öffentlichen Gebäude, die Transparente und der Bronze-Lenin befinden. Hier in der
Straße gibt es außer dem Abulatorium nur niedrige,
aus Lehm gefügte Häuser. Bretterzäune.

Die kleinen Patienten kommen. Artig und sehr
ernst. Ein kleiner Kahlgeschorener hält seine verbun-
dene Hand. Mütter schieben Kinderwagen in das
Höfchen. Das ist das Leben. So geht es überall. Auch
wir in Potsdam hatten eine Pflicht-Mütterberatung,
mit Wiegekarten und Dekristolstoß.

Ich suche das Besondere, das, worüber die Klage
geht. Die Kindersterblichkeit sei hier viel höher als
anderswo, die Krankheitsbilder seien typisch für die
Umweltzerstörung. Die Ärztin, Frau Darkulowa,
bestätigt das. Ja, die Kinder leiden darunter, was die
Großeltern ins Werk gesetzt... Zum Drehen ruft sie
eine Mutter mit einem Säugling ins Zimmer. Die
Mutter pellt einen vorbildlichen kleinen Patienten aus
den Tüchern. Gesund. Fußreflexe, Augen, Ohren. Die
Ärztin zeigt, wie man sich um die Kleinen kümmert.

Heiner handelt brav ab. Springt aus der Halbtotale in
die Großaufnahme, Hände der Ärztin, Gesichtchen
des Säuglings.

Jeder versteht sein Handwerk – die Ärztin, der
Kameramann, beide wollen gute Arbeit geleistet
haben.

Wer zeigt sich schon gern in seiner ganzen Hilflosigkeit?

Im fensterlosen Warteflur drängeln sich Mütter und wimmernde Kinder. Elendsgestalten, dürre Beine, dicke Bäuche, große Augen in blassen Gesichtern. Auch der Laie sieht, wie schwer die Ärzte es haben.

Zu dunkel, sagt Heiner.

Ich aber bestehe auf der Warteflurszene.

Am anderen Ende des Flurs gibt es ein Fenster. Wir lassen bitten, dorthin umzuziehn.

Die Neugierigsten machen mit. So sitzt nun eine bunte, aufmerksam blickende Reihe. Nach Aufruf von einer plötzlich weiß gekleideten, frisch gekämmten Helferin geht ein kleiner Junge brav ins Behandlungszimmer. Sein Stuhl bleibt frei. Niemand rührt sich. Keiner jammert mehr.

Nur mir ist zum Heulen.

Auch das lebensfrohe Wandbild mit weißen Schwänen oder Rotkäppchen, was zu solchen Einrichtungen von Schierke bis Wladiwostok gehört und was auch mit meines Daniels Werk korrespondieren würde, liegt in einem Bereich, wo die Kamera oder Heiner nichts mehr erkennen wollen.

Daniel hatte sich mit dem Ausmalen von Kindergärten und Funktionärsbüros über Wasser gehalten und Ehren eingeheimst.

Die Ärztin schlägt uns vor, sie zu einem Hausbesuch zu begleiten. Wir verabreden uns für morgen.

Nächster Drehort: die Kinderstation des Krankenhauses. Es ist schrecklich, hierherzukommen und nicht helfen zu können. Die Ärzte führen uns in einige Krankenzimmer. Zeigen uns „Fälle", die wir drehen dürfen: Einen winzigen Säugling, der schon fünf Monate alt sein soll, er hat ein mißgebildetes Herz und ist blind. Bei einem zweijährigen Kind sind Milz und Leber so groß, daß es mit dem aufgetriebenen Bauch nicht sitzen kann. Der Körper eines kleinen Mädchens ist mit blauen Flecken

127

bedeckt, ein anderes hat überall Eiterbeulen. Nieren- und Blutkrankheiten.

Sechzig schwerkranke Kinder betreut Frau Dr. Jesenschalowa hier auf der Station. Sie wiederholt, hauptsächlich Lungen-, Nieren- und Blutkranke. Die Mütter bleiben am Tag und oft auch nachts bei den Kindern. Sie sitzen an den Betten und können nichts anderes als hoffen. Den Ärzten bleibt auch nicht viel mehr. Zwar erzählt mir Frau Jesenschalowa, daß sie im Augenblick gut mit Medikamenten versorgt seien. Die Amerikaner würden helfen und Pakete schicken. Die Baptisten zum Beispiel. Der Heidelberger Arzt aber hatte mir erzählt, daß die Diagnose nicht selten nach den vorhandenen Medikamenten gestellt würde. Hilfts, hilfts. Die Krankenzimmer sehen sehr bescheiden aus. Das Behandlungszimmer der Ärztin gleicht einer Alternativpraxis.

Frau Jesenschalowa sieht das Leiden der Kinder unbedingt in Verbindung mit dem Aralsee-Problem. Die ständig steigende Salzkonzentration in der Luft sei schädlich, auch das Wasser sei verseucht. In Aralsk habe man artesisches Wasser, das sei zwar nicht gut, aber noch verträglich. Auf dem Lande aber käme man mit dem Oberflächenwasser in Berührung, trinke es gar.

Und Atom- sowie Chemiewaffentests?

Sie sagt, sie sei davon überzeugt, leider, alles das sei schuld, daß sich die Mißgeburtenzahl so rapide erhöhe und auch die Fälle an Leukämieerkrankungen. Vor vier Monaten habe ein internationales Komitee Untersuchungen durchgeführt, Statistiken verglichen. Es lägen aber noch keine Ergebnisse vor. Es sei schlimm. Sie hätten keinen Blutwaschapparat. Eine Million Rubel würde er kosten.

Dann nimmt sie sich in ihren Klagen schnell zurück. Das Krankenhaus habe einen guten Ruf.

Es ist schwer, auf den Tatsachen zu beharren, es ist unmenschlich, sich wider besseren Wissens dem

Schicksal auszuliefern. Auch sie möchte, wie jeder Arzt, der den geleisteten Eid ernst nimmt, die Arbeit gut machen. Auch sie kann ohne Erfolge nicht leben. Und wo sind denn die Maße?

Sie erzählt, daß sie in Alma-Ata studiert habe. Nach der Ausbildung sei sie gleich wieder nach Aralsk gekommen. Kein anderer fand sich dafür bereit. Sie sei hier geboren.

Auf meine Frage, wieso die Menschen hier bleiben, warum sie nicht in fruchtbarere, lieblichere Gegenden von Kasachstan umsiedeln würden, gibt sie die für mich einleuchtenste Erklärung: Ein Mensch muß dort begraben werden, wo er geboren wurde, dort wo seine Vorväter unter der Erde liegen.

Das Leben ist ja nur ein trügerischer Nießbrauch. – So sagt der Koran.

Aida übersetzt, so gut sie es vermag und soviel sie verantworten kann. Das Team arbeitet derweil in den Krankenzimmern. Ich bin mit den Gedanken bei ihnen. Wie sie es wohl bewältigen werden? Werden sie die Kinder, die Mütter in ihrer Würde nicht verletzen? Werden die Bilder später etwas vermitteln von der Tragödie? Wie grausam häßlich ist der Mensch am Ende seiner Zeit. Wie engelhaft schön wird er durch etwas Namenloses, das von Händen kommt, die halten und loslassen können, von Augen, die Seele trinken und ausgießen mit streichelnden Blicken, versteckten Tränen. Liebe darf ich es nicht nennen. Das Wort klingelt wie eine nachgegossene Schelle. Die Kamera beobachtet die Mütter bei ihren kranken Kindern. Was werden die Bilder über die Rührung hinaus vermögen? Darf ich nach der Ausstrahlung fragen? Wieder ein Wort, das nicht mehr taugt.

Als wir schon die Kamera zum Bus tragen, finde ich in meiner Tasche die Bilderbücher und Buntstifte, die kleinen Geschenke für die Kinder und für das Büro der Ärzte. Ich laufe zurück. Suche in den Fluren. Was ich nun sehe, läßt mich noch einmal an allem zweifeln, was auf unserem Feld Wahrheit ist. Ich sehe, daß uns Frau Dr. Jesenschalowa geschont hat. Die Wahrheit in den Krankenzimmern dieser Flure sieht noch ganz anders aus. Auch ich will schonen. Frau Dr. Jesenschalowa, die leidenden Menschen, die Kamera als Vertreterin der Zuschauer in dieser Welt. Muß ich eine Schande darin sehen?

Für 14 Uhr sind wir in der Fischverarbeitung angemeldet.

Der Stadtsowjet hatte uns die Besichtigung der Fabrik empfohlen.

Seit den siebziger Jahren ist hier in Aralsk kein Fischschwanz mehr gefangen worden. Wo auch? Fische leben nun mal im Wasser. Und Wasser gibt es hier nicht mehr. Keinen Hafen, keine Fischerboote – nur hinrostende Wracks und ein kleiner, aus Plastik zusammengeschweißter Wassertümpel für die Kinder, damit sie sich bei der Hitze ein bißchen naß machen können. Swimmingpool geheißen. Braune Brühe. Menschlein an Menschlein. Eine auf einem Podest sitzende Babuschka versucht, sich gegen das Gebrüll durchzusetzen: Rebjata rebjata... Baptisten aus den USA haben das Vergnügen gestiftet.

Die Fischverarbeitung ist noch verrückter als der Swimmingpool auf dem Sandgrund des einstigen Aralsees.

Es sind die alten Anlagen. Ein Spiel für Erwachsene. Ein hartes Spiel. Frauen laden große gefrorene Klötzer aus Kisten. Fische, die vom Hohen Norden oder vom Fernen Osten über ein paar tausend Kilometer hierhertransportiert worden sind.

Man taut die Eisblöcke auf. Salzt die Fische ein. Bringt einen Teil in die Trockenanlagen und einen Teil in die Räucherei. In schöne alte Räucherkammern, die wohl noch aus der Zarenzeit stammen. Eine Sache für den Denkmalschutz. Das Unternehmen hat, in der Halbtotale betrachtet, etwas von stolzer Donquichotterie. Doch in der Nähe, wenn ich den Weibern zusehe, wie sie die Fische – Barsche, wie Aida behauptet – auf die Stangen fädeln und aufhängen oder die trockenen abnehmen, wie der Junge die rindenartigen Gebilde, als wärs billiger Abfall, höchstens Viehfutter, in Kisten und Säcke stopft, kommen mir kapitalistische Bedenken. Was soll das Ganze?

Die Frauen schimpfen, sie wettern gegen die schweinisch niedrigen Löhne, gegen die Umstände, das flüchtende Meer, gegen Gorbatschow. Wir sind verloren. Rettet uns. Eine Arbeiterin nimmt mich an der Hand. Komm, komm. Sie zieht mich mit. Redet, bleibt stehen, knüpft ihr Kopftuch auf, löst einen Haarknoten. Darin trägt sie ein Hörgerät, groß wie ein Entenei, aber immerhin. Sie zeigt es wie ein Geheimnis, als könne sie damit nicht nur besser hören, sondern auch all den Ärger, den die Russen mit ihren Göttern hierher an den Aralsee gebracht hätten, besser verstehen. Sie spricht russisch, wie alle Kasachen ihres Alters. Fünfzig Jahre sei sie alt. Fünf Kinder. Lernt, lernt, habe sie immer gesagt, damit ihr einmal nicht so schwer arbeiten müßt. Aber die vier Ältesten seien doch in die Fabrik gegangen. Der Jüngste lebe noch zu Hause, wie auch ihre neunzig Jahre alte Mutter. Der Vater sei im Krieg geblieben, der Mann gestorben. Sie führt mich zu den Räucherkammern. Zentnerweise muß sie die Fische hertragen, in die qualmenden Kammern schleppen. Ich soll raten, was sie verdiene. Nach der letzten Aufbesserung 220 Rubel, sagt sie. – Ich habe auf dem Basar fünf Tomaten für sieben Rubel gekauft.

Ob sie nicht mit den Fischen ein bißchen Tauschhandel treiben könnte?

Sie schaut sich um, winkt ab. 45 Rubel Strafe für einen Fisch. Aber ich habe den Nagel getroffen, nur mit dieser goldgelb geräucherten Währung kann sie überleben, die Mutter, das Kind durchbringen. Doch es ist schwer. Sie weint. Helft uns.

Die Weiber unter den Strohdächern, wo die Fische trocknen, werfen neidische Blicke herüber, zu der Dummen, die das Maul immer noch nicht halten kann. Zeigt den Fremden, wie wir hier leben müssen, was sie aus unserer Heimat gemacht haben. Mut hat sie ja. Vielleicht erfährt sie Hilfe oder Trost...

Ich wünsche ihr alles Gute, vor allem Gesundheit. Eine Floskel, als hätte ich ihr nicht zugehört. Verdammte Welt.

Um 16 Uhr sind wir im Kinderheim verabredet. Es ist ein Tbc-Vor-und- Nachsorgeheim. Auch Kinder, deren Eltern krank sind, werden hier betreut.

Wenige Fahrminuten nach dem „Roten Platz" von Aralsk, hinter dem Rohbau der neuen Schule und dem Bretterzaun, wo die neue Moschee gebaut wird, fängt gleich die Steppe an. Noch ein paar Lehmhütten, wo die Alten im Nachmittagsschatten auf bunten Steppdecken schlafen. Den Hütten gegenüber, die kleine Bretterbude, der Abtritt – eine Errungenschaft. Der Hauptweg, mit Schotter verfüllter, festgefahrener Steppensand, führt weiter am Eisenbahngleis entlang. Weil wir noch Zeit haben – die Kinder schlafen bis 16 Uhr, hatte uns die Leiterin gesagt –, halten wir auf einem Hügelchen. Wir wollen einen Personenzug drehen. Wie er aus der Ferne kommt, an der Kamera vorbeizieht. Eine „objektive Sicht" auf uns selber. Wie wir grade ankommen in Aralsk... Eigentlich Schwindel. Ich versuche, mir die Montage-Zugfahrt: innen und außen – vorzustellen. Es gelingt mir nicht. Ich brauche nicht weiter nachzudenken, denn jedesmal, wenn die Lok um die Kurve biegt, müssen wir abbrechen. Ein Güterzug. Beim dritten Versuch geben wir auf.

Das Kinderheim, ein Flachbau inmitten der Steppe. Eingehegt durch einen Drahtzaun. Birken, ein Grasquadrat und Sommerblumen in Autoreifen sprechen von einem emsigen Hausmeister. Ein Hündchen kündigt uns an.

Wir haben beschlossen, draußen zu drehen. Als Variante zu den Szenen im Krankenhaus und im Ambulatorium und auch, weil wir damit dem Leben gerecht werden. Am Nachmittag steht sowieso „Spielstunde im Freien" auf dem Plan.

Bernd baut die Kamera auf dem Platz vor der Haustür auf. Die Kleinen kommen die Treppe herunter. Heimkittel, Heimhöschen, wie winzige Sportler in Vereinstracht. Und fast alles Kasachenkinder. Auch hier wird deutlich: die Deutschen sind fort, auch Russen gibt es hier kaum noch. Nur die Ureinwohner halten aus.

Bernd sucht Motive, wechselt mit der Kamera von Spielgruppe zu Spielgruppe. Die Kinder absolvieren eins nach dem anderen. Sackhüpfen. Eierlaufen. Häschen in der Grube auf kasachisch. Die Betreuerinnen stiften eine seltsame Heiterkeit.

Und wir schauen zu. Ich zähle Bonbons. Das ist alles, was wir mitgebracht haben. Ich schäme mich jämmerlich. Ich weiß noch nicht einmal, ob ich für jeden ein Bonbon habe. Wir zählen die kleinen kahlgeschorenen Knabenköpfe und die Mädchen mit den großen Schleifen im Haar. Herbert zählt noch einmal. Es wäre eine Katastrophe, wenn meine 67 eingewickelten Säuerlinge nicht ausreichen würden.

Rachmet, Rachmet höre ich 61mal. Danke auf kasachisch. Die dunklen Augen in den schmalen Gesichtern.

Die Erzieherinnen achten darauf, daß die Kleinen kasachisch sprechen. Auch die Schrift wird man wieder ändern. Kasachisch ist eine Turksprache – die kyrillischen Buchstaben haben die Sprache gekrümmt und gebogen.

Rachmet, ob dieses frei geäußerte Bekenntnis zur Nationalität über die Schwelle dieses Jahrhunderts der Kriege und Irrtümer in eine bessere Zukunft hilft?

Frau Sabila Makatowa, die Heimleiterin, zeigt mir das Haus. Wieder die bunt bemalten Wände. Schwäne und viel blaues Wasser. Märchenfische. Alles schön sauber. Sie erzählt mir, Helferinnen, drei Schwestern und stundenweise ein Arzt betreuten die Kinder. Leider habe das Heim überhaupt keine Privilegien. Sie müßten mit den Nahrungsmitteln auskommen, die sie in der Stadt bekämen. Milch, Grütze.

Sie habe selbst fünf Kinder und schon sechs Enkel. Sei hier geboren, habe in Alma-Ata Pädagogik studiert. Ihr Mann sei gestorben. In der hiesigen Oberschule hinge ein Foto – ihr Mann und sie als junges Liebespaar. Es sei hier in der Stadt am Badestrand aufgenommen. Früher, sagt sie, war das eine richtige Stadt, eine Hafenstadt. Heute hätte es vielleicht eine Kurstadt am Meer sein können, wenn der Mensch nicht so sündig wäre. Der Mensch hat das Meer und die Sprache vergessen. Er hat Allah nicht mehr offen und ehrlich vertraut.

Ob sie letzteren mit Namen genannt hat, ich will es nicht beschwören – doch im Raum schwebte er wieder, der strafende Gott. Noch geht das große Ringen um seine Verzeihung beinahe heimlich vor sich, verstohlen blitzt es aus den Augen der Menschen. Beten, flehen. Hilf uns.

Der Bau der neuen Moschee hinter hohem Bretterzaun. Die emsigen Maurertrupps auf den Friedhöfen, Familienclans, die mit Schaufeln und Eimern Kuppeln und Türmchen bauen. Grabstätten, wie es sich für einen Muslim gehört. Offene Geheimnisse. Lob sei Allah, dem Weltenherrn, dem Erbarmer, dem Barmherzigen, dem König am Tag des Gerichts. Dir dienen wir, und zu dir rufen um Hilfe wir. Leite uns den rechten Pfad.

Zum Schluß frage ich Frau Makatowa, was sie von der Zukunft erwarte.

Ich hoffe, sagt sie, ich hoffe, daß das Ernährungsprogramm der USA-Hilfsaktion wirklich bis zu unseren Kindern kommt.

Bei der Rückfahrt zur Unterkunft gibt es das übliche ärgerliche Gewörtel.

Ich bitte darum, die neue Schule aufzunehmen.

Wozu? Wo willst du das unterbringen?

Es ist z. B. ein Beweis dafür, wie zähe die Leute hier sind. Die Natur stellt sich, nachdem man ihr tödlichen Schmerz zugefügt hat, gegen die Menschenkreatur, aber die behauptet stur den alten Platz, läßt sich Fisch aus dem Fernen Osten herschicken, baut Schulen für künftige Generationen. Gottvertrauen, Zuversicht, Fehlplanung, Zynismus oder Dummheit, was ist es? Was hält?

Mein Team meint, das wäre mit der Fischverarbeitung längst erzählt.

Faulheit oder Besserwissen? Besserwissen im guten Sinn? Was ist es.

Nach diesem Drehtag fühle ich mich in meiner Haut als auswärtiger Besucher ziemlich mies. Wir haben die von zuständigen Organen bestimmte „Elendsroute" – Fischeraul Dschambul, Kinderkrankenstationen – abgeritten. Schweden, Italiener, Spanier, Delegationen, Kommisssionen... waren da. Nur diejenigen, die etwas mitgebracht hatten, waren recht am Platze. Rachmet klingt mir in den Ohren. Für ein lumpiges Bonbon.

9. Juli

Nach einer entnervend heißen Nacht – es ist, als hielte uns einer zur Strafe für unser Unvermögen, sinnvoll zu helfen, oder für das gesunde Wasser, das wir privilegiert soffen, in der Hölle fest – nun in der Morgenkühle vor unserer Unterkunft. Wartend. Zu dieser Stunde war uns ein kleiner Bus versprochen. Nichts. Mit kleinen Schritten herumgehen, wissend, daß uns die Drehzeit davonrennt. Wir sind für 8 Uhr 30 am Ambulatorium mit einem Kinderarzt verabredet. Er will uns mitnehmen zu seinen Hausbesuchen. Er

135

wartet gewiß. Unseren Schritten ist anzusehen, daß wir den Kanal ziemlich voll haben. Wir reden kaum noch miteinander. Mich ärgern die dämlichen Mützen, die die Männer aufgesetzt haben. Schirm nach hinten. Mir ist nicht zum Lachen. Zudem prangen auf großen Transparenten Hammer und Sichel. Davor die großen Glücksbringer Lenin und Kirow. Rechts und links leere Sprüche. Und unsere leere Zeit.

Bernd sucht den Vizepräsidenten der Organisation „Capagat", der uns herbegleitet hat, um hier alles zu organisieren, nur kein kühles Bier. Ich konnte schon im Büro von Alma-Ata über den Scherz nicht lachen.

Aksakal liegt im Nest, besoffen, nicht ansprechbar.

Ein Säufer, das ist der Vizepräsident der Organisation zur Rettung des Aralsees und der Kinder, die von Krankheiten heimgesucht werden, die sterben.

Wir wollen heute noch, nach dem letzten Drehtermin, nach Alma-Ata fliegen, bisher haben wir nur leere Versprechungen zu hören bekommen. Unsere Piloten hatten uns erzählt, daß heute ein Flugzeug mit Arbeitern von hier nach Alma-Ata startet. Sie hatten sich erkundigt, ob noch sieben Plätze frei wären. Für unser Viererteam, dazu für Sascha, für Aksakal, den fleißigen Schluckspecht, und für Aida, seine Dolmetscherin, die mit ihm nichts am Hut hatte, für mich aber ein Geschenk war.

Wir beide, Aida und ich, gehen über die Straße zum blauen Zaun in die Morgensonne. Mit halbgeschlossenen Augen – ein wonniger Sommermorgen. Unter den Lidern siehst du den einstigen Hafen, die rosten-den Schiffe, die schiefen verfallenen Hebekräne, in Gegenrichtung – Hammer und Sichel usw. In dir drinnen Gewitter.

Der Bus kommt.

Herbert zeigt auf die Uhr.

Ein kindlich naiver Fahrer zuckt die Schultern. Na und? Er lacht uns gutmütig aus.

136

Wir fahren zur Ambulanz, holen den Arzt ab, und es geht gleich weiter zur Familie Alimbajew. Wir halten vor dem Hoftor. Der Arzt, ein Finsterling – Kinderschreck, hat Bernd beim ersten Ansehen geflüstert –, geht in die Hütte, um die Familie zu fragen, ob wir mitdrehen dürfen. Wir wissen schon nach der kurzen Fahrt, daß bei Beken Karabalajew das Äußere trügt. Wer hier als Arzt arbeitet, tut es nicht, um reich zu werden. Unter der tiefgefurchten Stirn schauen ein Paar gute, zuverlässige Augen. Er tut, was er kann. Es ist nicht viel, aber es ist das Äußerste, alles, was in seiner Macht liegt. Das andere behalten sich die reichen Nationen vor und Allah, der auch. Leite uns den rechten Pfad, den Pfad derer, denen du gnädig bist, nicht derer, denen du zürnst, und nicht der Irrenden.

Wir warten im Hof. Frisch geformte Lehmziegel liegen zum Trocknen. Die Pfanne, der Wasserbehälter, die Erde.

Der Arzt winkt. Heiner geht mit der Kamera ins Haus. Wir haben nichts beredet. Er wird sehen. Wir warten, und dürfen froh sein, wenn sie uns gnädig sind. Unserer Arbeit, ihr Elend zu dokumentieren. Wen Gott lieb hat, den läßt er leiden. – Gewiß gibt es diesen Spruch unter den Muslimen auch. Was haben Götter für wunderbare Manieren. Wenn man sie gelten ließe, würde sichs besser hier warten lassen.

Heiner schleppt die Kamera zum Auto.

Aida und ich klopfen nun an die Tür. Wir treten in einen dunklen Raum, in den durch ein schmales Fenster ein Lichtstreif fällt. Da steht die Mutter, sie hält den kranken Jungen im Arm. Setzt ihn auf dem Teppich, auf seinen Platz. Das Menschlein sinkt zusammen. Zwischen knochendürren Gliedern wiegt ein großer kahlgeschorener Jungenkopf mit großen, dunken Augen und großen Ohren. Die Mutter, eine schöne schlanke Frau mit dunkeln Kasachinnenaugen, schwarzem, von grauen Fäden durchzogenem Haar, hebt die Hände zum Gruß. Was auch kommt, es ist von Gott gesandt. So auch ihr. – Das Menschlein lauscht und schaut. Die Amethystohrringe der Mutter strahlen im schrägen Licht. Märchenschön. Der Vater, einst ein Aralseefischer, tritt schweigend hinzu. Die sieben Geschwister, jünger und älter als der kranke Tolgat, stehen mit großen fragenden Augen an der Wand.

Es ist das sonderbare schräge Licht, das diesen Ort verwandelt. Es ist nicht nur das Licht.

Es ist der Schutzring der Sippe um ihren Schwächsten. Es ist die kostbare Kraft, die von diesem leidenden Kinde herkommt.

Der Arzt beschreibt das Krankheitsbild. Gliedmaßen gelähmt. Ich sehe es ja selber. Er gibt der Krankheit einen Namen. Nervenlähmung übersetzt Aida. Aralsee-Krankheit, ergänzt er. Immer häufiger würden hier in der Gegend Kinder mit Lähmungen geboren ...

Ich bücke mich zu Tolgat hinunter und gebe ihm das Säckchen Erdnüsse, das wir mitgebracht haben.

Rachmet.

Ein Leben in einer Lehmhütte am einstigen Ufer des einstigen Sees.

Vor der Tür gibt der Arzt weitere Auskunft. Noch einmal die Stichworte. Hohe Kindersterblichkeit, Krankheiten, Tbc, Nierenleiden, Blut- und Hautleiden, Lähmungen.

Variationen eines schrecklichen Themas. Zerstörte Erde. Zu wessen Lasten? Zu Lasten der hier ansässigen Kreatur. Gibt es Schuldige? Es gibt sie. Man sagt, es sei die Schuld eines Systems. Doch es waren Menschen, die die Anordnung zur Ableitung der Flüsse gaben, zum Baumwollanbau, zur Kollektivierung, die das Kamel ausrotten und durch Traktoren ersetzen wollten. Das Kamel sei ein rückständiges Tier ...

Wir brechen auf. Genug verlandeter Aralsee, genug Salzsteppenbilder. Genug von Allah geliebte Menschen.

Wir beiden Weiber müssen mehr ahnen, als daß wir vom Männerteam mitgeteilt bekommen, ahnen, was der nächste Augenblick verlangt. Hätten wir die hiesigen Sitten oder gar den Schleier, so müßten sie uns wenigstens Bescheid sagen und leiten, so aber darf ich nicht die letzte sein, doch ebenso wenig die erste. Mir fehlen noch etliche Bäder in Drachenblut, bevor mein Panzer dick genug ist, um ein Männerteam zusammenzuhalten und durch die Gehege des Menschenwaltens zu führen. Keine Managertalente. Keine Lenk-, Leit- und Führernatur. Doch es wird wohl zu spät sein zum Baden. Es herbstelt. Graue Haare. Krähenfüße. Truthennenhals. Ich schleppe mich vorwärts per Diplomatie. Ich hoppele. Ich springe. Ich rede mir bei meinem Blechnapf mit kühlem italienischem Wasser selber gut zu. Es ist normal, daß sie dir die Tür vor der Nase zuschlagen, den miesesten Platz lassen, den heißesten Raum. Den Paß, ich glaube, sie hoffen im stillen, daß du ihn vor der Abfahrt bei der kasachischen Meldestelle vergißt.

Du hast dich weit vorgewagt, deine Haut ist dünn, du gehst auf die sechzig. Machs halblang, sage ich mir, du hast noch sieben Jahre.

Leute, sage ich, habt ihr eure Pässe, vergeßt eure Pässe nicht. Bin ich nicht schlau?

Es stellt sich heraus, diesmal haben alle die Pässe noch nicht, und es ist gut, daß ich mahne. Ich labe mich am zwischengebutterten Lob.

Wir erkundigen uns. Wir schleppen die Koffer, die Kamera. Wir hoffen, auf die Flugtickets, die Pässe. Man hat die Miliz benachrichtigt.

Nach zwei Stunden knattert ein Uniformierter auf einem Motorrad heran. Er schwenkt einen Holzkoffer mit Vorhängeschloß, verlangt von der Unterkunftsleitung einen Raum. Er bekommt ein Zimmer im ersten Stock. Er heißt uns mitzukommen, heißt uns warten. Wir stehen in der Tür und schauen zu, wie er aus dem Gastraum ein Amtszimmer macht. Tisch in die Mitte. Stuhl. Koffer auf. Stempel. Bleistifte. Unsere Pässe. Drei grüne für meine Herren. Der vierte blaue gehört mir. Aida wird als Sprachmittlerin hinzubefohlen. Er buchstabiert unsere Namen. Aida übersetzt seine Anordnung. Einzeln vortreten. Dokument. Er händigt uns die Büchlein aus. Wir dürfen gehen. Auch Aida darf abtreten. Er schließt die Tür.

Unser Flugzeug, heißt es, fliege so gegen eins oder zwei oder so. Stiller Jubel.

Wir hocken auf dem Flugfeld. Ehe wir fortkönnen, muß das Flugzeug angekommen. Wir suchen den Himmel ab. Nichts. Bernd und Herbert dürfen mit einem russischen Moped fahren. Sie drehen Kurven. Spielen heiteren Zeitvertreib. Fuselbierreden. Ich blättere in der drei Wochen alten Kulturbeilage der „Zeit". Über den Soldatenkönig und Friedrich den Großen. Daten und Fakten im Licht der Überführung ihrer Särge nach Potsdam. Der Artikelschreiber hat alles gesammelt, was Toleranz belegt. Ein heimlicher Preuße.

Heiner hat die Kamera aufgebaut. Einstellung Steppe. Totale. Eisenbahngleis. Vielleicht kommt ein Zug ins Bild, das brächte Leben. Bewegung. Spurensuche.

Wir starren statt in den Himmel nun in die Steppe.

Mählich biegt sich der Blick in die Erdkrümmung hinein. Im Auge ein Punkt. Das ist das Dach der Lokomotive. Leider wird daraus wieder nur ein Güterzug.

So landet nach Stunden unser Flugzeug, und dazu kurvt gleich noch ein vollbesetzter Ortsbus heran. Wir entnehmen den beiden überraschend gut aufeinandertreffenden Ereignissen: es scheint einen richtigen Flugplan zu geben. Nur uns hat man dumm gelassen. Arbeiter kommen an, Arbeiter fliegen ab. Schichtwechsel. Wir werden mit unserem Krempel zum Einstieg gerufen. Unsere sieben Plätze sind reserviert. Wir sind Devisenzahler. Wahrscheinlich hat die dralle Bodenstewardeß mit dem goldblitzenden Mund sieben normale Menschen aus der Liste gestrichen. Leichtes Murren im Volk hinter uns. Ellenbogen. Nix verstehn. Bloß nicht noch eine Nacht in der Gostiniza von Aralsk. Endlich Abflug. Die erste Etappe unserer Heimreise, obwohl es ja erst einmal mehr als 1000 km zurück in den Osten geht. Die Uhren haben wir schon eine Stunde vorgestellt. Damit uns an Ort und Stelle nichts trügt. Weder Sonnenstand noch unsere Biologie, Müdigkeit, Munterkeit. Der Uhrzeiger gilt.

Heiner und Bernd hocken schon wieder bei den Piloten in der Flugkanzel. Dort geben sie eine Runde italienisches Wasser aus. Kugelschreiber und Mainzelmännchen. In Taldy-Kurgan, auf dem Kolchos „Ernst Thälmann", im Theaterbus, im Aul Dschambul, in Flugzeugen und Autos, überall auf unseren Spuren Aufkleber mit den kurzbeinigen Kerlen und den Großbuchstaben ZDF.

Aksakal schläft. Gelb und schnapsig. Irgendwie bringt er es fertig, auf seinem Sitz langzuliegen.

Unter uns breitet sich ein graubrauner, vom grünen Syrdarja in weit ausholenden Meandern geschmückter Teppich.

Die Flugroute folgt lange dem Fluß.

Schließlich aber liegt unter uns nur noch Grau. Eine zigtausendfach vergrößerte Zelle. Blasen und Chromosomenbänder. Dann ein Augenblick grüne Rechtecke, gelbe auch. Durch Kanäle bewässertes Land. Baumwolle. Getreide. Flußnähe. Schließlich wieder das graue, mit geometrischen Zeichen gemusterte Sandmeer. Eine Gerade. Ein Winkel. Eine Winkelhalbierende. Eine Hyperbel. Wege. Aber woher? Aber wohin?

Parallel angelegte Gebilde. Barackenförmig. Militär. Objekte der Kriegsmaschinerie. Versuchsgelände. Abschußrampen. Das ist zu sehen.

Eine Bergkette. Anhängsel des Karatau-Gebirges. Wie aus Erz gegossen. Statt Schnee liegt Sand in den Falten und Klüften. Wer mag darin hausen? Wölfe, Wissenschaftler, die das Massiv erforschen, ausnutzen für die gefürchteten Versuche?

Aida zuckt die Achseln. Die Versuche werden in Semipalatinsk gemacht. Es gibt eine breite Protestbewegung. Der Heidelberger Arzt gehört dazu. Die türkische Ärztin, die ich kennengelernt habe. Wissenschaftler haben einen Film über die schlimmen Auswirkungen gedreht. Er wurde in Alma-Ata im Kino gezeigt. Aida hat davon gehört. Ich wundere mich über Aidas gleichmütige Rede. So wie sich Westbesucher über mich gewundert hatten, daß ich im Genzgebiet an der Mauer wohnen konnte, ohne dagegen anzurennen, Steine zu schmeißen oder jeden Tag einen Protestbrief zu schreiben. Ich – 28 Jahre wie ein Kind in einem Käfig. Aida – in einem Land lebend, wo sich Generäle erlaubten, die Gesundheit und das Leben von Generationen zu gefährden.

Aida ist mir in vieler Hinsicht sehr wertvoll gewesen. Sie hat mir mit ihrem Heimweh und Fernweh, den Erzählungen über die Familie in Alma-Ata Einblicke vermittelt ins Sowjetleben, dazu war endlich einer da, der den Alltag mit mir geteilt hat, den Durst, die Hitze, die Last der Eindrücke. Vor dem Einschlafen reden, das war gut.

Aida, ich danke dir. Verzeih, wenn ich dir nicht nur Tugenden angehängt habe. Du bist ein kluges Kind, du bist tapfer, listig und voll Energie. Schmal wie ein Ballettmädchen bist du nun obendrein. Du hast mindestens acht Kilo abgenommen. Ob Heiner dich nach Deutschland einladen wird? Soll ich es dir wünschen? Doch wir leben in einer Zeit, wo das Wünschen sowieso nicht mehr hilft. Gott sei Dank, in dieser Frage darf ich unschuldig bleiben. Machs gut. Schreib mal. Hier hast du meine Adresse. Wenn du in Deutschland sein solltest, du kannst bei mir wohnen.

Alma-Ata, 10. Juli
Warum habe ich eben noch so widerliche Laune gehabt? Muß ich es hier an der chinesisch-kasachi-

schen Grenze erfahren, wie gewaltsam der Mensch regiert wird durch seine Säfte und körpereigenen Essenzen? Obendrein, nach welchen archaischen Mustern eine Gruppe funktioniert? Es wurde Zeit, daß ich, Herdentier, endlich einmal erfahre, wie es ist, wenn sich die Aggressionen der Gruppe in extremen Belastungssituationen gegen einen Auserwählten richten. Jetzt bin ich das stillschweigend erkorene Opfer.

Die Erkenntnis überkommt mich am Abend eines harten Tages, und ich bin erlöst.

Ich steige die Treppen hinunter, gehe durch die große Hotelhalle, quere das riesige Restaurant, öffne mutig die Terrassentür, die trotz der schönen Abendkühle sonst immer geschlossen bleibt, suche mir ein Tischchen, einen Korbsessel. Winke im Restaurant einem der Bedienungsmädchen, die winkt ihrerseits einem Kellner, einem jungen Mann mit uigurisch geschnittenem Gesicht. Er kommt. Ich bitte um eine Kanne Tee, bolschoi poschaluista, eine Schüssel Salat, Käse und Brot. Ich gehe zurück zu meinem Terrassenplatz. Der Uigure kommt, lächelnd, bringt mir ein Ziegenfell für den Stuhl, eine Tischdecke und bald serviert er mir den Tee und den Salat, dazu Käse und Brot. Ich lege mir mein Papier zurecht, trinke, schaue ins grüne Platanenlaub und fange an zu schreiben. Zu meinem Wohlgefühl schiebt sich eine Mondsichel aus dem Gezweig, treten Sterne aus dem Dämmerhimmel heraus. Kühle weht von den Schneegipfeln des Alatau.

40 Grad hatten heute über der Stadt gelegen.

Wir hatten den Tag über hauptsächlich in Büros zu tun. Mußten mit dem Trunkenbold von „Capagat" unsere Rechnung aufmachen. Der hatte sich nach seinem Wodkaschlaf im Flugzeug an mich herangemacht. Ins Hotel wollte er kommen, um zu kassieren. Devisen, wie abgemacht.

Bei unserer Abmachung wollten wir bleiben, aber nicht so, wie er sich das gedacht hatte. In seine Tasche hinein. Das Team hatte den Braten längst gerochen. Eigentlich von vornherein nicht an seine Lauterkeit geglaubt. Ich gestehe, ich war maßlos enttäuscht. Ich hatte meine Leute beschimpft, daß sie angesichts der edlen Ziele dieser Organisation plötzlich herumgeizen wollten mit dem Westgeld. Für alles, hatte ich ihnen vorgeworfen, für horrende Hotelrechnungen, Flugtickets müßten wir Devisen zahlen, und die gerieten bestimmt nicht in Volkeshände, sondern immer unter die Matratzen der Chefs oder Funktionäre. Die drei hatten mich nur mit freundlichem Mitleid angesehen. Hoffentlich irrst du dich nicht in deinem Aksakal.

Ich hatte mich geirrt. Mein Aksakal spekulierte mit meinem Kinderglauben. Doch ich war nun endlich auch wach geworden. Wir ließen ihn nicht ins Hotel kommen, wir hatten uns vorgenommen, unsere Rechnungen im „Capagat“-Büro in der Landeswährung, d. h. mit Rubeln, zu begleichen. Um unser Versprechen zu halten und um tatsächlich den am härtesten Betroffenen, den Kindern vom Aralsee, zu helfen, wollten wir auf der Bank eine gleich hohe Spende einzahlen. Wir bestanden darauf, bitte gebt uns eine Kontonummer.

Dieser Coup hatte das Gesicht meines Aksakal zur Zitrone gewandelt. Zitronengelb versuchte er, uns weiszumachen, daß die Bank heute geschlossen, daß die Buchhalterin heute krank sei. Unter diesen Umständen, erklärten wir, würden wir die Spende von Berlin aus überweisen. Unsere Hartnäckigkeit machte schließlich, daß die Bank wieder geöffnet, die Buchhalterin wieder genesen war. Die Buchhalterin wurde per Telefon herbeizitiert. Sie sollte uns begleiten.

Wir fuhren mit zwei Autos vor das Bankgebäude. Querten eine dicke Traube Wartender, die von zwei Milizionären bewacht wurde. Ein dritter Milizionär führte uns durch die Gänge. Auch vor diesen Türen Menschentrauben. Hockende wurden aufgescheucht. Weil: wir leben nicht im Mittelalter. Hocken ist rückständig. Die Buchhalterin machte keine Miene dazu. Sie ging voran.

Einzelabfertigung. Eine Tür wurde uns geöffnet. Herbert und die Buchhalterin verhandelten über einen Tresen hinweg mit einer Bankerin. Formulare. Unterschriften. Herbert schnappte das Köfferchen auf.

Eine Barriere trennte den Raum. Auf der eine Seite waren nur wir, auf der anderen Seite wurden Aussiedler abgefertigt. Ich redete über die Barriere hinweg mit einer Frau. Sie kam aus Aktjubinsk. In zwei Wochen gehts ab nach Frankfurt am Main. Die Kuh und die Ziegen haben sie verkauft. Das Geld, eine Tasche voll Rubel, hatte die Frau vor ein paar Minuten in zwei Scheine umgetauscht. Der große Sohn stand neben der Mutter. Auf ihr, die ein paar Sätze deutsch konnte, ruhten alle Hoffnungen. Sie würde es richten. Sie mußte.

Ein alter Mann schüttete einen geblümten Einkaufsbeutel vor dem Beamten auf den Tisch aus. Die vom Lohn vieler Jahre abgesparten Rubel, dazu das Geld für die Kuh, das Kamel, das Häuschen. Ein kleiner Berg. Gleich werden es 170 DM sein. Soviel darf jeder mitnehmen.

Wir wurden mit den Formularen an eine Kasse verwiesen. Die Devisen-Kasse. Viele Augen schauten uns zu. Heilige Tölpel, so sahen wir aus. Auch Sascha konnte nur grinsen. Das hamm se glei wieder, da macht euch nischt vorr.

Die erneute Begegnung mit den Übersiedlern sagte mir, daß es eigentlich unsere Schuldigkeit wäre, ihnen weiter zu folgen. Was war aus unseren Leuten im Gebiet Taldy-Kurgan geworden?

Sollten wir nicht in Moskau zur Deutschen Botschaft gehen? Dort standen die Antragsteller in dicken Trauben tagelang vor dem Tor. Wir könnten ihnen dort wiederbegegnen. Das wäre immerhin möglich, von der Dramaturgie her wenigstens. – Auf der Rückfahrt von der Bank brachte ich den Vorschlag an. Sehr vorsichtig.

In halblautem Selbstgespräch. Ich redete so lange diplomatisch drumherum, bis meine Herren selber drauf kamen. In Moskau vor der Botschaft müßte man drehen.

Im Restaurant strahlt der Kronleuchter in die Riesenpalme hinein. An einem langen Tisch wird gefeiert. Mit Reden und Sekt und bunten Genüssen. Ein Kellner eilt auf langen, kasachisch bunten Läufern im Geviert. Die Küchentür fliegt unter seinem Tritt. Er trägt ein Tablett aufgeschnittener Wassermelonen herbei. Die übrigen weißbeschürzten Mädchen und jungen Männer in weißen Jacken sitzen am Katzentisch. Qualmend, die Zeit abwartend bis Feierabend. Ich komme von der mondbeschienenen Terrasse, von meinem Ziegenfellsitz, das Schreibzeug unter dem Arm. Ich möchte meinen Tee und das Essen bezahlen. Der Uigure eilt mir entgegen. Er schüttelt den Kopf, lächelt. Das sei ein Geschenk des Hauses. Ich komme mir über die Maßen begünstigt vor, so wohl versorgt mit gutem Essen und neuen Erkenntnisse wie ich in meiner Ausgeschlossenheit bin.

11. Juli
Wie ging der Tag?
Mit einem letzten Frühstück bei den freundlich hilflosen Dewuschkas, die sich immer noch von den weltläufigen Westkerlen schrecken ließen. Die wollten weder Kasachenwurst noch Kefir, noch saure Sahne. Auch die saueren Gurken ließen sie liegen. Die verlangten über das kalkulierte Essen hinaus Tee und große Tassen Kaffee und fraßen Brot und Marmelade. Das verstehe wer will.
Fahrt zum Flugplatz. Auf Wiedersehen Sascha. Er ließ sich die freundschaftlichen Fausthiebe auf seinen Bierbauch gefallen. Sein Wanst müßte voller blauer Veilchen sein, so sehr haben wir ihn ins Herz geschlos-

sen. Reden über Flockenbier, dazu immer wieder einen Puff in den Bauch. Bei allem, was er hingenommen hat, war er am Ende pfiffiger als wir. Er hat uns gewiß manchen Bären aufgebunden. Seine Biertrinkerei mochte noch hingehen. Dazu hat er sich von uns abgeseilt und ist zur Tränke gefahren. Schlimmer war, daß er in Aralsk Wasser soff wie ein Loch, und zwar von Aidas und meinen Vorräten. Von dem Augenblick an, als er zugreifend einmal meinen Kontrollblick spürte, pflegten wir einen anderen Umgang. Wir kannten uns. Wir nahmen uns ernst. Wir waren die beiden Erwachsenen im Team. Er machte zum Zeichen ein Interwiev für seinen Sender mit mir.

Für die anderen war er ein umgänglicher Vielerzähler. Allerwegen ein guter Spielgefährte. Daß er sich herbei-, gar herabließ, spürten meine Männer nicht. Gegen die Obrigkeit war er auf unserer Seite. Er hatte eine unabhängige Stellung. Als Leiter des deutschen Programms war er in diesen Zeiten unantastbar. Wir mußten uns bei den Zusammenstößen mit dem KGB keine Sorgen um ihn machen. Sascha saß fest. Er winkte nur ab. Laße rrredn. Von Ansehen und Witz hätte er Eulenspiegel oder einen guten Schwejk abgeben können. Schwejk auf wolgadeitsch.

In sein Privatleben hat er uns kaum einen Einblick gewährt. Vom Sohn hat er uns erzählt, der nach seinem väterlichen Wunsch hätte Geigenbauer lernen sollen. Aber was macht das Mensch? Will Kameramann werden. So ein Bledsinn. Von einer Warenje kochenden Frau hat er eines Tages gesprochen. Aida wollte von ihm erfahren haben, daß er getrennt lebe und eine Tochter habe. Aidotschka hat er Aida genannt. Er kannte ihre Lehrer vom Institut. Wichtige, von Gefühlen diktierte Gespräche haben sie russisch geführt. Gewiß nicht, um uns auszuschließen. Sie konnten nur nicht ständig, um uns zu unterhalten, in Seichtgewässern herumschwimmen. Sie tauchten unvermittelt tiefer. Gründelten, lachten. Aidotschka, das Wort hatte einen zärtlich väterlichen Klang.

Die Wimper hält.

Gestern abend, noch in Alma-Ata, wäre ich beinahe wieder das alleingelassene Weib gewesen.

Die Männer wollten allein ausgehen. Es gab ein langes heimliches Gewusel. Statements über die Mädchen, die sie sich eingeladen hätten. Auf die Spitze wurde die Konspiration getrieben, als ich zur Abfahrtszeit gekämmt und geschniegelt vor dem Hotel erschien. Petja fuhr mit dem Auto vor. Das ganze machte kein gutes Bild. Es war einfach peinlich für mich, für die Herren. Ich ließ mir von Sascha die Adresse der Deutschen Botschaft in Moskau aufschreiben, erzählte, daß ich ins Kino gehen würde, und wünschte einen Guten Abend. Was war daran so traurig?

Wollte ich mitfahren? Nein.

Wollte ich wenigstens gefragt werden? Kann sein. Ich ging die pompöse Treppe zum Vestibül hinauf. Heimweh. Ich wollte nach Hause. Die Arbeit war bis auf ein Schwänzchen abgeschlossen, und nichts war von Dauer oder vollendet. Vieles hatte mich berührt oder gerührt, doch nichts hält mich fest. Ich will fort. Ein Tag über die Zeit hinaus, ein Abend zuviel.

Zu dritt, ein junges Kirgisen-Paar auf Hochzeitsreise und ich, im bequemen 200 Plätze fassenden Hotelkino. Ein Film à la „Orientexpreß". Nur daß sich alles auf russischen Eisenbahngleisen abspielte, in Schlafwagen, wie ich sie ja nun kenne. Etwas bunter, feiner. Durchs säuberliche Kameraauge gesehen. Wer der Mörder war, das blieb für mich im dunkeln. Mein Russisch war zu schlecht, und die beiden jung Verheirateten brauchte ich nicht erst zu fragen, die waren nicht zum Filmansehen hergekommen. Was, schon zu Ende? Sie rekelten sich aus den Polstern. Knüpften an unser Touristengespräch wieder an. Ob ich schon in Taschkent war? Dorthin sollte ich reisen. Taschkent ist schöner. Schöner als was? Sie zuckten die Achseln, kicherten. Sie trieben wohl einen Jux mit mir. Da lud ich sie zu einem Glas kasachischen Sekt ein. Süß wie die Sünde. Ein Abend über die Zeit hinaus. Reisefieber.

Moskau.

Wir wohnen im „Ukraina", Jelzins Weißem Haus gegenüber. Nicht weit zum ZDF-Studio. Leider ist Dirk, ein alter Bekannter von mir, zum Drehen unterwegs, hätte gerne mit ihm ein paar Worte gewechselt. Eindrücke abgeladen. Klagen abgeworfen. So habe ich mir einen Stadtplan kopiert und bin losgegangen. Über die Kalinin-Brücke, den Kalinin-Prospekt entlang, bis Smolenski-Boulevard. Da immer der Nase nach. Habe mir ein paar Punkte für morgen gesucht. Noch einmal Arbat, Puschkin- und Tolstoi-Museum, dazu die Ausstellung von Peter Max in der Akademie.

Abends auf Empfehlung in einem italienischen Restaurant. Es heißt, es sei eine Oase in Moskau. Mir scheint, es ist ein Ort mit der Devise: Wenn schon Betrug, dann richtig.

Wir besprechen das morgige Programm. Deutsche Botschaft. Aussiedlerschlangen. Die wartenden Wolgadeutschen. Ich melde tapfer meine Wünsche an. Erkläre, daß ich mir die Sequenz als Filmschluß denke. Ich bestelle eine über das Maß hinaus lakonisch lange Szene. Eine emotionale Klammer, die den Anfang noch einmal aufnimmt, gleichzeitig die Gefühle sammelt und Raum schafft, um die Gegensätze zu bündeln. Fortgehen und bleiben. Erinnertes und Gegenwärtiges. Idylle und ökologische Katastrophe. Da ich nicht weiß, was uns am Drehort erwartet, müssen wir genügend Zeit einplanen. Wir müssen verweilen, beobachten, Geduld haben.

Unmöglich, eifert das Team, die Wolgadeutschen wären mit den Geschichten um Taldy-Kurgan abgehandelt. Danach käme Aralsk mit allem, was dazu gehöre. Währenddessen verschwände der Anfang und geriete beim Zuschauer ins Vergessen. Der Zuschauer, wer ist das? Bist dus? Bin ichs. Ist ers? Wenn ich es sein sollte: ich empfinde Taldy-Kurgan und Aralsk als Gegensätze in einer Welt. Es gab einige absurde Drehpunkte während der Reise. Wir sind weit gefahren, um nicht total unter die Räder des deutschen Wendegeschäfts zu geraten. Und wohin gerieten wir? Unter Deutsche, die in ihrer schönen Berglandschaft an nichts mehr glauben wollten, nur noch an die Botschaft der Bundesrepublik. Dort gibts ein Visum.

Andere Menschen blieben an ausgedörrten, salzverkrusteten Orten, weil ihre Ahnen dort begraben liegen. Oder, in früheren Zeiten, Leute wie mein Daniel, weil sie mußten. Weil sie in die nackte Steppe verbannt worden waren. Der KGB paßte auf.

Nach der ökologischen Katastrophe, dem in flirrender Hitze hinglühenden Schiffsfriedhof, ein harter Schnitt. Das Wappen mit dem Adler. Das Gebäude in Moskau. Die Deutsche Botschaft.

Wäre das nichts?

Daniel, mein Held, hat es beinahe geschafft. Er darf nur jetzt keinen Fehler machen. Er darf raus aus Kasachstan. Er darf endlich nach Hause, in die Heimat. Was das ist, die Heimat, das weiß niemand besser als die, die nie eine hatten: Wolgadeutsche aus Sibirien und Kasachstan, die hier schon tagelang warten.

Ich predige. Erzähle die ganze Geschichte noch einmal von vorn. Daniel. Kasalinsk. Den ganzen Aufriß. Ich komme mir vor wie Mutter Courage. Ich wage als sowieso Beiseitgestellte noch einmal, den Zorn der Gruppe herauszufordern.

Die Botschaft zum Schluß, das solltest du schnell vergessen. Wenn, dann gehört sie zum Komplex Taldy-Kurgan. Theater. Abschiedsfest. Botschaft.

Nein, ich werde die Botschaft nicht vergessen. Eure Variante würde mein Tagebuch zerklopfen, die Einheit des Ortes zerstören. Mithin viele Beobachtungen unglaubwürdig machen...

Großes Murren und Federlesen. Und überhaupt, was soll die ganze Filmerei jetzt noch hier in Moskau. Es geht sowieso alles schief hier. Alles meckert über Gorbatschow oder will nichts mehr von ihm wissen. Jelzin ist doch eigentlich auch einer von den Alten. Ist durch die Partei groß geworden. Nun macht er sich mählich zum Zaren. Taxifahrersprüche.

Ich will die Botschaft. Zum Schluß für den Schluß. Wie uns das Leben führt. Wie es mein Tagebuch will, so soll der Film sich fügen und nicht nach der Dramaturgie meiner Herren, die auf ein schläfrig biertrinkendes Fernsehpublikum abzielt.

Wenn nicht eigene Zweifel bohrten, wäre mein Zorn nicht so groß. Könnte sein, die Botschaft trägt nicht. Botschaft. Die Botschaft macht Botschaft kaputt.

12. Juli

War zeitig auf den Beinen. Bin am Wasser entlanggegangen. Der Erzkoloß vor dem Hotel ist nicht, wie ich von oben vermutete, Lenin, sondern Schewtschenko. Taras Grigorjewitsch, der ukrainische Dichter. Bart und Stirn und Vaterlandsblick, wehende Pelerine, so steht er und trotzt irgendeinem Sturm. Im Rücken schützend das stalinistisch aufgetürmte Hotel „Ukraina". Der besorgte Blick geht über den Flußarm der Moskwa hinüber zum Weißen Haus. Jelzin-Sitz. Hoffnung. Freiheit für das Vaterland. Rußland. Ukraine. Nationalitätenfragen. Grenzverläufe. Schewtschenko, rück einen satten Satz heraus. Eine Losung, die auf unser Auge paßt. Eine Zeitfaust.

Kaffee und ein Stück Brot im Hotelrestaurant. Schöne Ruhe in einer Fremdländerwolke. Englisch herrscht vor.

Gegen 10 Uhr nehmen wir, behängt mit den Kamerautensilien, ein Taxi. Für DM zur Botschaft. Ein freundlicher Chauffeur. Marktstratege. Bietet bunte Uhren mit 24-Stunden-Zifferblättern, Kosmonauten-uhren und Kaviar zum Kauf. Versichert, daß er werri schieper sei als seine Freunde und mit den staatlichen Läden – kein Vergleich. Wir bestellen für morgen Mit-bringselbüchsen, jeder zweimal Kaviar.

Der Lenin-Prospekt zieht sich quer durch Moskau. Ich glaube bald nicht mehr an mein Motiv. Doch dann biegt unser Chauffeur und Händler links ab. Die ehe-malige DDR-Botschaft. Menschentrauben.

Herbert stellt sich hin und raunst: Nun sag, was du willst. Aber konkret.

Gesichter, sage ich, Gesichter und Hände. Und die Papiere, die sie wie das Leben selber in Händen halten.

Verstehst du mich, Heiner?

Ja.

Wolgadeutsche. Ich rede mit einer Frau meines Alters. Das alte Lied. Die Vorfahren sind unter Katharina in die Ukraine gekommen. Unter Stalin wurde die Familie nach Kasachstan vertrieben. Da hat sie einen Russen geheiratet. Einen guten Mann. Sie wohnen in Alma-Ata. Ihre Geschwister – schon in Deutschland. Einige Verwandte leben in Amerika. Sie steht hier für ein Besuchsvisum nach Deutschland. Die vier Kinder und den Mann will sie mitnehmen. Und sie wollen dort in Deutschland bleiben. Gewiß bleiben. Es ist alles Gottes Fügung, sagt sie. Der wird nun helfen. Gewiß. Seit einer Woche wartet sie in Moskau. Jemand hat die vielen Menschen in Hundertergruppen einge-teilt. Sie gehört zur Gruppe 17. Heute ist Gruppe fünf-zehn an der Reihe. Vielleicht schaffen sie noch sech-zehn. Aber siebzehn wohl nicht mehr. Dann kommt das Wochenende. Am Montag wirds sein. Gewiß. Wenn Gott hilft. Frau Henckel wischt sich die Augen. Wir sind von den Henckels. Gläubige Baptisten. Weinen, das hilft.

Dazwischen warten welche, die sind schon auf den Ellenbogenkampf vorbereitet, die jüngeren haben keine Tränen. Alle historisch gewachsenen Gesellschaftsverträge, sämtliche Gesetzeswerke, die Rechtsvorschriften des Westens kommen einem augenblicklich wie altmodische Krücken vor. Mehr zum Zurückschlagen, denn zum Voranstolpern geeignet.

Regenschirme gegen die Sonne. Händler mit Wörterbüchern. Russisch-Deutsch. 100 Tips für Übersiedler. Schreibkundige, die die Formulare ausfüllen. Nachrichten. Suche. Biete. Zettel an Bäumen, Zäunen und an den Betonpfeilern der Bastion. Miliz mit Gummiknüppeln hinterm Rücken. Vorn strenge Augen.

Wir suchen einen Kamerastand für eine Totale. Wie wärs mit einem Blick aus einem Fenster des Hochhauses gegenüber?

Ein Menschenwesen in Trainingsanzug, Einwohner des Hochhauses, das mit einem Scheuereimer vor der Haustür hantiert, kann keines meiner Worte verstehen. Sogar Bernd macht nun den Mund auf. Akno. Fenster ist ihm eingefallen, auch, daß ein unbetontes O wie ein A gesprochen wird. Akno? – Das Wesen zieht wie vor dem Leibhaftigen den Kopf ein. Schaut uns eingeschüchtert hinterher, wie wir frech vorangehen. Wir, die Kamera friedlich gesenkt. Mit bester Miene. Fahrstuhl. Siebenter Stock, das wäre gut. Wir klingeln an allen drei Türen. Hinter einer Tür bellt ein Hund. Und bald schaut der Kopf einer jungen Frau durch den Spalt. Bernd und ich brüllen unsere Vokabeln zwischen das Gebell. Heiner zeigt die Kamera. Die Frau deutet auf das Hundegebiß, das sich nun laut und anzüglich an ihrer Hüfte vorbeischiebt. Lieber nicht. Wir fahren einen Stock höher. Klingeln. Warten. Reden. Ein Mann sagt, er müsse gleich weg. Keine Zeit. Adin Minut? Njet! Na schade. – Die Frau in der Nachbarwohnung hat schon die Tür halb geöffnet, da wird sie von einem Kerl am Arm gepackt und weggerissen. Die Tür knallt zu. Eine Festung. Feiges Schwein. Wir fahren zwei Etagen tiefer.

Hier haben wir Glück. Eine junge Frau, nach ihrem Gesichtchen eine Koreanerin, die wahrscheinlich kein Wort russisch, weder deutsch noch englisch oder französisch versteht, erlaubt uns, unserem Zeigefinger nachzugehen. Wir treten über die Schwelle. Beschwichtigende Gesten. Eine auf das Herz gelegte Hand soll sagen: wir sind keine Diebe. Mit dem Daumen eine Eins, dazu die Armbanduhr: Nur eine Minute. Sie nickt hinter uns her. Wir finden nicht nur ein Fenster, sondern sogar einen kleinen Balkon. Wir falten die Hände, schauen zum Himmel empor und spielen Dankbarkeit, streicheln ihr über den Arm und stellen uns überaus friedfertig. Nach zehn Minuten haben wir die Szenerie im Kasten. Sie reicht uns einen Teller mit Bonbons. Wir verbeugen uns artig und stecken ihr einen Schein ins seidene Jäckchen. Sie lächelt – wahrscheinlich ein koreanisches Lächeln. So steht sie im Türrahmen, bis wir komischen Vögel in der Versenkung verschwunden sind.

Vom feigen, eingeschüchterten Volk ist nicht mehr die Rede. Das Mädel hat die Ehre des Landes gerettet. Ehre des Landes, so ein Mist. Immerhin, wir hätten schließlich Terroristen, die Kamera hätte ein Maschinengewehr sein können. Wer gibt schon gerne seinen Balkon für eine Knallerei. Wer läßt sich schon gerne vom KGB wegen seiner Ausländerkontakte beackern.

Das war der letzte Streich. Wir atmen kurz durch und lassen uns ins Handelszentrum fahren. Merkur schwebt auf der Erdkugel. Uniformierte hüten die Türen. Wir rauschen wie geölt in die zwanzigste Etage. Teppich- und Gemäldeausstellung. Nur für Devisenportemonnaies. Wir gucken uns je einen Teppich aus. Zerren ihn ins Licht, drehen und wenden. Glauben den Etiketten. Turkmenische Handarbeit. 100 Jahre alt. Rechnen. Ich zweifle, mindestens am Alter. Doch mein Teppich gefällt mir. Mir gefällt die Vorstellung, daß mich grade dieses Märchenutensil zu Hause an meinen Ausflug erinnern könnte. Schön. Ein warmes

154

dunkles Kirschrot, schwarze Ornamente, dazu sehr sparsam ein goldbrauner Ton. Das Muster ist unregelmäßig, frei Hand, aber mit Übung gefertigt, kurzhaarig. Kamelhaar?

Wir lassen uns die Teppiche zurücklegen.

Fahren ins ZDF-Studio, zu erfragen, wie der Sowjetzoll auf unsere Teppiche reagieren würde. Dort nun deutlich süßsaure Mienen. Wir tauchen immer als dicke Viererbande auf und meist zum Essen.

Guten Appetit, wünschen wir. Die Mannschaft löffelt, was deutsche Küche in Moskau gekocht hat. Danke, danke.

Nach ziemlicher Pause: Möchtet ihr auch einen Kaffee?

Warum nicht. Jetzt bringen wir unser Problem vor.

Das stößt durchaus auf Verständnis. Geheimtip: Am besten in eine Blechkiste stecken. Ich bekomme Klebestreifen für meinen Koffer. Damit sähe mein Gepäckstück so gut wie versiegelt aus. So belehrt, mache ich mich auf den Weg.

Zu Fuß durch Moskau. Lästiger Zweibeiner zwischen Blechvehikeln. – Bis ich nach Stunden den Merkur vor dem Hochhausklotz wiedergefunden habe. Schließlich auch meinen beiseite gestellten Teppich, mein Utensil. Ich zahle, damit ist der Teppich mein, und ich bin endlich die drei Rubelpakete los. Meine Tasche ist wunderbar leer. Ich habe ein Geschäft gemacht. Nicht so ein blödes wie Hans im Glück. Der hatte Gold, ich hatte nur Papier in der Tasche. Wieder Fußmarsch. Moskau ist groß. Ich im Schweiße.

Im Hotel „Ukraina" geht es gleich weiter mit den guten Geschäften. Noch nie hatte das Büffet im Vestibül geöffnet. In dieser Minute rasselt die Jalousie hoch. Es gibt Kaffee oder Tee, ganz wie man will. Außerdem kistenweise Sekt. Marke „Salut". Ich nehme einen Kaffee und stelle mir wie alle anderen ein Fläschchen unter den Stuhl.

Nun ruht er im Zimmerkühlschrank.

Das Team ist nirgends zu finden. Sie haben sich wieder mal aus dem Staube gemacht.

13. Juli

Weckerklingeln. Das letzte reine Hemd. Noch 300 Rubel bis ultimo.

Wir haben unseren Taxifahrer bestellt. Das stoppelbärtige Cleverle. Uhren? Heute hat er ein anderes Sortiment mitgebracht. Kreml auf dem Zifferblatt, rote Sterne. Wie wärs?

Er chauffiert uns zum Park von Ismailowo. Dort, hatte uns schon Sascha erzählt, würde ganz Moskau handeln und wandeln.

Der Park liegt am Stadtrand, in der Nähe eines Hotelkomplexes, von Sportstadien und einer Metrostation. Ich vermute, Reste der Olympischen Spiele. Will mich aber nicht von unserem Chauffeur aufklären lassen. Er hat schon genug geredet. Am Lenin-Mausoleum z. B., wo in der Frühe immer noch die berühmte Menschenschlange stand, um ab 10 Uhr am Sarg vorbeizudefilieren. Ein Terrorist, meinte er. Dann kam Stalin, auch ein Terrorist, und die anderen, sämtlich Terroristen. Gorbatschow? – Der nicht. Aber mit ihm wird auch nichts besser, im Gegenteil. Alles ist schlechter geworden... Das Lied, wir kennen es. Es ist die Wahrheit. Er, seine Sippe, sei von Afghanistan nach Armenien gekommen. Doch in Armenien bekäme er für sein Auto kein Benzin. So sei er schließlich wegen des Autos nach Moskau übergesiedelt. Allein, ohne Familie. Es klingt, als rede er von seiner Lieblingsfrau, der er etwas bieten müsse im Leben. Aber er spricht von seinem Mazda, die Bereifung, der Motor – werri gud, indied.

Wir verabschieden uns. In drei Stunden soll er mit seinem Edelgefährt wieder hierherkommen, um uns abzuholen. Drei Stunden dünken mir schon auf den ersten Blick zuviel.

Ein Bild, man muß es gesehen haben. Hunderte von Händlern. Kunst für die Touristen. Kreml und Klöster, russische Landschaften à la Natur oder kubistisch, pointillistisch, aber immer grade noch kenntlich: Rußland. Prächtige Matroschka-Puppen. Schachfiguren. Ikonen, kunstvoll auf alt gemacht, Samoware, auch alt, mit Beulen und angeräuchert. Dazwischen junge Leute, die in genialischem Aufputz Holz, Leinwand, Packpapier mit wilden Farben versehen. Für Kenner, die auf Entdeckungen aus sind. Für schlaue Dealer und Dummköpfe. Dazwischen Mütterchen, denen nichts anderes übrigbleibt, als es mal zu versuchen mit einem selbstgehäkelten Kragen oder einem Hohlsaumtuch.

Gleich am Eingang hatte sich eine Szene abgespielt, die ich am liebsten vergessen würde. Härtestes Kino. Ein Junge von etwa 18 Jahren war von anderen jungen Leuten zusammengeschlagen worden. Sie hatten mit der Kraft ihres Zorns und ihrer genagelten Siefel auf das Bürschchen eingetreten. Als wärs ein Sack, ein Hauklotz. Es hatte sich unter den Brettern eines provisorischen Verkaufsstandes verkrochen. Damit saß er in der Falle. Sie droschen und traten. Niemand wollte sich um ihn kümmern, und ich konnte nur die Augen aufreißen.

Die Schläger waren weggegangen. Ich hatte den Jungen für tot gehalten. Doch er war unter den Brettern wieder hervorgekrochen. Hatte dagehockt, leichenblaß, aus Platzwunden quoll dunkles Blut. Zur Rechten hatte ein jesusbärtiger Mann Blumenstilleben verkauft. Fliedersträuße und Lilien. Zur Linken hatte ein Drechsler mit Matroschka-Puppen gesessen. Sein Programm: außen Gorbi mit dem Taubenschiß, Breschnew, Stalin... im Kern schließlich Klein-Lenin.

Liegt er noch da, der Junge? Sind die Schläger noch auf dem Plan?

Ich unterhalte mich mit einer deutschstämmigen Frau. Nicht über Gewalt, sondern über Hohlsaumstickerei. Sie verkauft Tischdecken und Gardinen.

157

Schöne Arbeiten. Geboren in der Ukraine. Dann Kasachstan. Durch Heirat nach Moskau gelangt. Eine Tischdecke entspräche zwei Monatsgehältern. Sie warte auf eine Amerikanerin, die wollte gleich wiederkommen und alles kaufen.

Ich nehme die U-Bahn vom Ismailowski-Park bis zum Arbat. Über die U-Bahn wird jetzt soviel geschwiegen, wie sie früher gepriesen wurde. Ein Stalin-Prachtbau. Ist sie in ihrer Palastarchitektur so häßlich, wie sie es als Zeugin ihrer Zeit, einer menschenverachtenden Diktatur, zu sein hat?

Wenn ich mich auf die Suche machen würde, fände ich gewiß Geschichten. Über Bauarbeiter, die verunglückten, zu Tode kamen, über falsche Helden, erlogene Plan-Daten. Opportune Geschichten. Irgendwann, wenn das Bauwerk nicht inzwischen zugeschüttet und vergessen oder von Menschen verlassen sein wird, könnte es sein, daß sich das Gebäude ablöst vom Alltag der Geschichte, einfach dasteht wie Theben. Der Kaiser ferne. Ein Halbsatz über späte Gewalt und viele ganz neue Geschichten, die nur noch aus Materialien und Formen wachsen, fantasievoll und wahrhaftig, geboren aus den Details der Geländer, der Säulen und Kandelaber.

Eine Weltstadteinrichtung, die U-Bahn. Ein Mädchen liest Lermontow. Wie die Legende es will, nicht nur im Abteil, sondern auch noch auf der Rolltreppe. Zwei Frauen in weißen Kopftüchern wienern den Handlauf.

Ich gehe die bekannte Meile, den Arbat, hinab. Noch einmal die Händler. Viel Drechselware und bemalte Leinwände. Hier finde ich endlich unter lauter Commerz meinen Sonderling, einen Naiven, dem das Malen soviel Mühe wie Freude macht. Ich sehe es daran, wie er seine kleinen Bilder im Postkarten-Format auf den Brettern immerfort liebevoll hin und her rückt. Es geht ihm nicht um Käuferwerbung, sondern ums Licht. Mal braucht er Sonne, mal Schat-

158

ten für die Farben. Er setzt sich mit dem Rücken zur Straße, kaut an einer Mohrrübe, blättert in einem Buch. Es irritiert ihn, daß ich stehenbleibe. Er lächelt, doch nicht aus Freundlichkeit, sondern um seine Bilder zu schützen. So bin ich als kleines Kind mal einem Erwachsenen entgegengetreten, der mein Holzscheit im Puppenwagen nicht als Puppe anerkennen wollte. Schade, daß er mich so verkennt. Mir gefallen seine Straßenlandschaften, sie sind schön, gewiß auch schön, weil er sie nicht hergeben will. So rar wie Chagall. Sieh an, er täuscht sich nicht. Vor ihm steht ein Käufer, eine Liebhaberin, Rechnerin ... Wir wechseln einen Gruß.

Ich gehe, suche nach meinem Stadtplan die Kropotkinskaja. Spaziere in Richtung Smolensker. Unterwegs das Tolstoi-Museum. Eine Fülle von Original-Manuskripten und Fotos. Leider huschhusch aufgebaut und kaum erklärend beschriftet. Hier gibt es nur Russisch, als sollte sich der Besucher an die Weltsprache Nummer eins immer noch gewöhnen.

Das Puschkin-Museum ist geschlossen. Man renoviert.

In den Nebenstraßen des alten Moskau viel Gebäudeputz. Joint-Venture-Fieber. Von frischer Farbe triefende Fassaden. Alugefaßte Schaufenster. Restaurants mit verheißungsvollen Namen. An der Tür ein Schildchen. Only credit cards. Ringsherum Bauschutt. Gerümpel aller Art.

So ein Only-credit-card-Stübchen gibt es auch im Hotel „Ukraina". Strahlendes Messing, saubere Polster, Blick auf Baumwipfel. Wie eine Kulisse zu einem modernen Film aus der Zarenzeit. Das Frühstücksrestaurant für Manager. Einen anderen mafiotischen Joint-Venture-Coup landet eine „Firma" aus Karlsruhe. Sie hat für ständig im Hotel „Ukraina" Zimmer gekauft und vermietet die Zimmer samt Schaben und Dreck zu horrenden Überpreisen an solche Esel wie wir.

Um ins Hotel zurückzukommen, suche ich mir einen Bus. Unterwegs hilfreich freundliche Moskauer, jenseits der Händlertypen. Eine Frau begleitet mich beim Umsteigen. Führt mich zur Haltestelle, wartet, bis ich im richtigen Bus sitze.

Ich habe bei einem Händler an der Kropotkinskaja für 90 Kopeken ein Gürkchen gekauft. Am Bufett des „Ukraina" ergattere ich zwei Scheiben Brot. Im Kühlschrank lagerte mein „Salut". Ein wunderbares Abendessen.

In diesen Wochen unterwegs habe ich gelernt zu genießen. Ein Glas kühles, sauberes Wasser. Eine Tasse Tee, dazu ein Zwieback. Eine kalte Dusche. Ein frisches Handtuch. Ein kühler Wind. Ein Fremder, der auf deine Schritte achtet, damit du am richtigen Ort ankommst. Jemand, der in der Hitze mit dir zurückbleibt, wenn die Gruppe vorangeht. Einer, dem du gerne nach dem Munde redest.

14. Juli
Morgens noch einmal einen Kaffee im „Ukraina". Laufe durch die verzwickten Etagenflure. Immer noch wie eine elektronische Maus. Irrweg. Zurück. Zerschlagene Fenster. Abgerissene, nach draußen gezerrte Gardinen. Eine pompöse Sitzgruppe. Ein Etagenvestibül. Ein Glasschrank mit Devisenangeboten. Kaviar, Schuhe, Regenschirme, am Kleiderbügel präsentiert ein weißes Dinnerjackett. Die Kljutschmama hinter einem Etagenschreibtisch. Rechenbrett. Schokoladentafel, Feuerzeug, lauter Geschenke. Im Dunkel meine Tür 777. Ich habe die Geheimnisse des Türschlosses inzwischen enträtselt. Einmal rechts-, zweimal linksrum schließen. Klinke hochheben, kräftig dagegendrücken, und schon geht die Tür auf. So beginnt das Seßhaftwerden.

Blick auf Schewtschenko, den Fluß und auf das Weiße Haus. Auf daß der ukrainische Dichter so fried-

160

lich und unbewaffnet dort stehenbleibt – im Herzen von Rußland.

Kein Blutvergießen, mähliche Ordnung, vernünftiges Chaos, kluge, selbstlose Machtapostel, einen kompromißbereiten Gott. Das sind meine Wünsche, während ich den Rest „Salut" ins Badewasser gieße.

In Moskau habe ich in Sekt gebadet.

Bernd kommt, um meinen Teppichschmuggelkoffer mit einem Streifenband zuzukleben.

Schon vor 12 Uhr stehe ich mit meinen drei Sachen, Koffer, Kamera und Tasche, am Hoteleingang. Unser bestelltes Fahrzeug, ein Joint-Venture-Bus, ist pünktlich da. Unser Armenier steht in der Gruppe seiner Zunftkollegen. Er wartet auf Kunden. Solche mit richtigem Geld. Unternehmer, Industriebosse, Geschäftsleute, das wäre ein Fang. Wir waren nur kleine Fische. Er hatte Kaviar besorgt. Für jeden zwei Büchschen. 20 DM. Freundschaftspreis. Im Shop würde er zehnmal soviel kosten. Ob es wirklich echter ist?

Auf dem Flugplatz ist die Hölle los. Chaotische, ineinander verknotete Schlangen, die auf Abfertigung hoffen. Doch nichts rührt sich.

Wir kämpfen mit einer Gruppe Philippinos. Behaupten mit unseren vier überladenen Karren stur unseren Platz.

Wieder hören wir die bekannten Stimmen. Wieder sind wir auf eine ihrer Stationen gestoßen. Umsiedelnde Deutsche.

Das „Lager" heißt das Geviert, das sie in der Abfertigungshalle eingenommen haben. Matratzen. Klappbetten. Dort warten die Familien tagelang, bis sie einen Flug nach Frankfurt, München, Berlin bekommen. Wer es geschafft hat, ist geschafft. Der ist am Ende. Ich halte Ausschau nach Taldy-Kurganern, klettere auf die Karre, suche über den Köpfen.

Wir sind eine Familie: Weinend kämpfen sich ein Kopftuchweibchen und ein alter Mann voran. Sie lassen ihr Gepäck einfach stehen. Ihre Verwandten sind schon hinter der Barriere, winken verzweifelt, rufen: Babuschka. Onkelchen. Wir mauern mit unseren zwei mal zwei Karren eine Gasse. Schließen hinter den beiden rasch wieder auf. Einer der Philippinos tritt mir zur Strafe ins Schienbein. Faschist, zischt er mich an.

Wir haben Zeit. Wir schlucken unsere Galle und demonstrieren, beinahe aus Langeweile, weiter Güte und Freundlichkeit.

Wir lassen den Schienbeintreter vor. Der stutzt nicht einmal. Its time. Wurde Zeit. Nun wieder Ellenbogen. Wir haben nicht nur Zeit, wir haben auch Schiß. Vielleicht kam daher unsere fromme Güte. Ich trage einen Teppich im Koffer. Die Männer haben Riesenpakete geschnürt. Lauter Öl vom Ismailowski-Park. Kunst und schließlich noch der Kaviar. Der Zollbeamte will die Bilder sehen. Eine Expertin wird hinzugezogen. Alles vor dem wartenden und nun murrenden Volk. Großes Auspacken. Unter Schlafsäcken, Handtüchern und Socken nesteln meine Männer meterweise kunterbunte Moderne hervor. Die Expertin braucht nur einen Blick. Sie winkt ab. Beinahe verächtlich. Einpacken. Wofür manche Ausländer ihre Devisen raushaun.

Wir sind erleichtert, aber auch irgendwie enttäuscht. Sollte das schwere Gepäck – es kostet auch noch Übergewicht – sein Geld und die Liebe nicht wert sein?

In der Snack-Bar haben wir unser letztes Valuta-Erlebnis. Eine Träne Bier 6 Deutschmark. Ein Mann aus Gießen, der in Gorki eine Autofirma mit Maschinen ausstattet, hat den Preis vorher gewußt und das Getränk in gehörig kleinen Schlückchen genossen. Er erzählt von dem Kaff, in dem er war, Gorki, zwei Millionen Einwohner – einst und heute wieder Nischni Nowgorod. Verkommene Altstadt. Arbeiten kannste, sonst nichts.

Wie das mal werden soll?

Achselzucken. Hoffentlich gehts ohne Blutvergießen. Man müßte jegliche Hilfe von absoluter Friedenspolitik abhängig machen.

Doch wie schnell behaupten Leute an der Macht, ihre Gewaltmaßnahmen geschähen im Namen des Friedens, des Fortschritt und der Zukunft.

Schlußsatz des Teams: Jedenfalls, mein nächstes Urlaubsland ist die Gegend nicht.

Darüber kann das Land nur froh sein, sage ich mit einem Restchen Bosheit und einem Stück hilfloser Solidarität.

Bierscherze, Bierpolitik. Aufruf des Fluges nach Frankfurt. Nach Hause. Ich nehme die Kamera, die kleine, die Tasche mit den Papieren. Habt ihr alles?

Film-Exposé „Kasalinsk"

Tanze tanze... Es ist Brauch geworden, daß derjenige, der im Lager einen Brief zum Empfänger bringt, den Brief hoch in der Luft hin und her schwenkt und ruft: Tanze, tanze...

Auch Daniel, ein Schauspieler. – 27 Jahre alt – bekommt nach sieben Jahren Haft im Arbeitslager Workuta einen Brief.

Daniel tanzt in seinen zerlumpten Arbeitsklamotten durch den Schlamm, zwischen gefällten Bäumen und Kleinholzfeuer. Die anderen Strafgefangenen arbeiten weiter. Polenda heißt die Wassersuppe, für die sie schuften.

Aus dem Brief erfährt er, daß seine kleine Tochter vor zwei Jahren, genau zu Ende des Krieges, an Hirnhautentzündung gestorben ist. Olga, seine Jugendgefährtin, hat ihm geschrieben. Sie hat, obwohl es verboten ist, ein Foto in den Brief gelegt. Olga und die kleine Tanja. Der Briefträger steckt ihm das Foto zu.

Daniel wirft das Foto und den Brief ins Feuer. Niemand soll einen Rest in die Hände bekommen, wenn er hier verreckt.

Daniel überlebt den nächsten Tag, die folgenden Wochen...

Monate später schwenkt einer der Aufseher ein ganzes Bündel Briefe. Er liest die Namen. Die Aufgerufenen beginnen zu tanzen. Es sind Entlassungspapiere. Daniel hört seinen Namen. Er will nicht tanzen. Doch um den Brief zu bekommen, fängt er endlich an. Er stampft auf der Stelle, tritt, wütet gegen die Erde, scharrt, bis ein Loch entsteht.

Er steckt bis zu den Knien in der Erde...

Die Gruppe wird in Marsch gesetzt. Quer durch die Tundra. Es sind Männer und Frauen, Russen, Deutsche, Italiener, Polen, Letten, Litauer.

Zwei Tagesmärsche. Dann taucht auf einer Anhöhe das Zentrallager auf. Das Ziel. Auch von anderen Außenstellen schleppen sich Gefangenen zu diesem Ort. Hier hatte Daniel vor acht Jahren auf der Zwischenstation vom Moskauer Gefängnis zum Arbeitslager seinen Freund wiedergetroffen. Pin, vom Dessauer Bauhaus. Der Freund war 1931 mit den „Roten Brigaden" in die Sowjetunion gekommen, um den Sozialismus mit moderner Achitektur aufzubauen.

In diesem Zentrallager treffen sich Daniel und Pin wieder. Pin hatte damals Lederriemen für die Strohschuhe besorgt. Auch Brot. Ohne Pin wäre Daniel damals gestorben.

Pin hatte „Glück", er hat die acht Jahre hier „verbringen" können. Er nimmt den Freund mit in seine Baracke. Für Daniel ist das ein Palast. Eingerichtet halb als Tischlerei, halb als Malerwerkstatt. Überall Stalinbilder. Alle unter Pins künsterischer Leitung entstanden. Das war Pins Straflagerarbeit.

Pin beschafft Brot und besorgt für Daniel Stiefel, Hose und eine Jacke. Daniel kann nur staunen, zwar ist es eine deutsche Militärjacke mit einem Einschußloch, doch sie ist warm.

In einer abgeschotteten Ecke haben sie Zeit, miteinander zu reden. Pin habe über die Jahre hin einen halbwegs vollen Bauch gehabt, sei ins Grübeln gekommen. Über diese platzköpfigen Jugendideale, ihren Kampf für die Emanzipation des Proletariats in Deutschland. Hitler sei ihnen Beweis und Antrieb gewesen für die Richtung, die es einzuschlagen galt. Doch dieser Mann hier sei nicht besser. Er sei ebenso ein menschenverachtender Zyniker, machtbesessen, böse... Daniel widerspricht. Die russischen Apparatschiks seien das Unglück. Die Korruption – vom

Zarismus habe sie sich in den Sozialismus ein-
geschlichen. Er träume von Deutschland ohne
Hitler, ohne Krieg. Ein demokratischer Sozialismus.
Wozu habe er all die Schrecken des Lagers überlebt. Pin denkt anders. Ich glaube nur noch an
mich. Zerlege alles in seine Einzelteile. Das Detail hat
recht. Sieh dir das eine Auge an und das andere, sie
gehören nicht zu einem Menschen. Das Ohr – ein
Extraorgan. Eigentlich ist alles nur verschieden-
geformte Farbe. Stalin, Lenin, Marx gehören auf den
Schrotthaufen der Geschichte. Die Utopie ist eine
Utopie.

Du lügst, sagt Daniel.

Du freust dich auf zu Hause? Pin lenkt gutmütig ein.

Ich verkomme beinahe vor Freude, und eigentlich
kannst du reden, was du willst.

Sie gehen in Richtung der Verwalter-Baracke, vor der
viele Gefangene auf den Aufruf ihrer Namen warten.
Pin redet auf Daniel ein. Daniel bleibt stehen. Hebt
etwas auf. Eine Buchecker. Er knispelt die Schale ab.
Kaut.

Pin: Hast du immer noch Hunger?

Daniel: Kennst du in Moskau jemanden, der mir
Geld borgen könnte für eine Fahrkarte nach Berlin?

Daniel wird aufgerufen. Endlich!

Daniel sprintet, tanzt. Er ist schließlich Schauspieler. Mimt vor den Herumlungernden den Sieger.
Was kostet die Welt. Wagt einen Luftsprung durch die
Barackentür. – Mir fällt bestimmt was ein, ruft Pin
hinter ihm her.

Er würde ja gern an alles glauben, kindlich, so wie
sein Freund. Er aber ahnt, weiß, wie es kommen wird.
Nach dem Lager kommt die Verbannung.

Der Mann, der wenig später aus der Baracke kommt,
ist immer noch Daniel. Er ist Schauspieler, auch solche
Rollen kann er spielen. Zeigt die Miene eines gleich-
gültigen Träumers. Pin geht ihm entgegen. Daniel reibt

die schwarze Schmiere, die Stempelfarbe, von den fünf Fingern.

Pin wartet. Daniel spürt, daß er mit seinen Illusionen allein war.

Wohin? fragt Pin.

Ein Schrei: Kasalinsk.

Der Versuch einer tröstenden Umarmung.

Daniel in der Eisenbahn. Ungefähr siebente Klasse. Pins Stimme: Du, das liegt in Mittelasien. Da ist es warm. Melonen gibt es, vielleicht Apfelsinen. Und ein großer Fluß... der Syrdarja... viel Fische.

Beamten-Stimme: Sie dürfen nach Kasalinsk, wenn man Sie woanders erwischt, kostet das 20 Jahre.

Der Film erzählt ein Kapitel aus dem Leben des Schauspielers Daniel Wolf, Mitglied der Kolonne Links, Student am Moskauer Theaterinstitut. 1938 verhaftet, erst ins Taganka-Gefängnis, dann ins Lager Workuta gesteckt. Nach acht Jahren Lager entlassen, doch nicht nach Hause, sondern „auf eigenen Wunsch" nach Kasalinsk. Einem Ort, wo man nichts weiß von der Welt, wo sich Hoffungen konservieren lassen.

Die tröstenden Voraussagen vom Märchenland Kasachstan gehen schon während der Eisenbahnfahrt zu Bruch. Erst stehen noch ein paar Bäume. Dann nur noch einzelne Sträucher. Es sieht aus, als läge ein bißchen Schnee. Doch es ist Salz. Hier wachsen die spitzesten Disteln der Welt. Kamele fressen davon. Die Hungersteppe Karakum.

Danach muten die ersten Hütten und Häuser an wie der Newski-Prospekt. Kasalinsk.

Daniel steigt aus.

Er irrt in den Gassen herum. Vor einer Baracke stehen weiße Farbeimer. Auf dem Dach wird ein Schornstein gekalkt.

Ich suche Arbeit, ruft Daniel. Er hat das Lager überstanden, nun wird er diese elende Einsamkeit auch noch überleben.

Männer zucken die Achseln. Er nimmt einen Strohwisch und einen Eimer.

Daniel, kalkbekleckert, mit seinem Reisekarton vor einer Hütte. Er klopft an die Tür. Eine alte Frau öffnet. Daniel zeigt ein Papier vor.

Die Frau ruft in die Hütte: Wilhelm, komm mal her, hier will jemand was von dir.

Wilhelm ist ein Bayer. Die Familie wurde von Leningrad hierher umgesiedelt. Sie haben eine Tochter, aber die ist verschwunden. Ihr Bett ist frei. Er kann hier unterkriechen.

Daniel bindet sich einen großen und einen kleinen Wermutbesen. Er streicht Schornsteine mit weißer Farbe. Nach drei Wochen fragt ihn der Orts-Natschalnik, ob er sich schon bei der Miliz gemeldet hätte.

Nein? Um Gottes willen.

Auf der Miliz zeigt Daniel seinen Zettel mit den Fingerabdrücken.

Milizionär: Hier dürfen Sie nicht wohnen. Sie gehören nach Kasalinsk.

Daniel: Da bin ich doch.

Sie sind in der Station Kasalinsk, die Stadt Kasalinsk liegt zehn Kilometer weiter.

Zu dieser Stadt führt ein schurgerader, ungepflasterte Weg durch die Steppe.

Zur Zeit, als in Mittelasien noch keine Eisenbahnen fuhren, war die Stadt Kasalinsk Umschlagplatz für Kamelkarawanen vom Orient zum Okzident. Eine reiche Kaufmannsstadt, gelegen am fischreichen Strom Syrdarja. Beim Bau der Eisenbahn geizte die Stadtverwaltung, sie meinte, man sei immer mit Kamelen ausgekommen. Und so sollte es bleiben.

Die Eisenbahn geht in grader Strecke weit entfernt an der Stadt vorbei.

169

Kasalinsk ist damit zum letzten Nest der Welt geworden, ein Verbannungsort. Tataren, Tschetschenen und Inguschen, Deutsche von der Krim und der Wolga leben hier.

Das erste Haus an der Straße – ein Gefängnis. Dann das Haus der Kolchose. Daniel erkundigt sich bei einer Pförtnerin, wo Deutsche wohnen.

Überall, sagt die Frau.

Sind Sie Mennonitin?

Woran merken Sie das?

An Ihrer Sprache. 1935 war ich als Schauspielstudent während der Semesterferien Bevollmächtigter für die Ernteeinbringung in der Krim. Das Dorf hieß... Vogelsang.

Da waren Sie in meinem Dorf. Waren Sie das... Sah ein Knaaab ein Rööööslein stehn...? Beide singen. Röslein auf der Heide...

Sie haben sich aber verändert, sagt die Frau.

Es ist lange her. Daniel rechnet. Dreizehn Jahre.

Gehn Sie weg von hier, hier werden Sie verhungern...

Die Frau muß das nicht ausmalen. Das Elend grinst aus allen Ecken. Eine Mutter, deren Brust keine Milch mehr hergibt, füttert ihr Kind mit Blut. Sie ritzt den Finger auf und läßt das Kind saugen.

Daniel wagt sich wieder zurück in die Station Kasalinsk. Er darf weiter in Wilhelms Hütte wohnen. Wieder zieht er mit Farbeimern herum, malt Büros und Wohnungen.

Eines Tages wird er in den Kindergarten gerufen.

Können Sie die Wände anstreichen?

An der Wand hängen Kartons, auf denen Märchenbilder gemalt sind.

Wer hat das gemacht?

Das war Metsch, ein Pole, wohnt bei Janina.

Janina ist eine Lebenskünstlerin. Metsch – ein künstlerisches Talent, vielleicht ein großer Maler. Daniel und Metsch werden Freunde. Als „Brigade" malen sie den Kindergarten, den Wartesaal und einen Kultursaal mit fantasievollen Wandbildern aus. Für die Stirnseite wurde „Lenin und Stalin" bestellt. Sie malen gleich noch zwei prächtige barocke Rahmen drum herum.

Nach der Arbeit betätigt sich Daniel als Feierabendregisseur. Stanislawski hat gesagt, jeder Mensch kann Schauspieler sein. Das versucht er durchzusetzen. So geht das Leben, fern hoher erpresserischer Utopien. Jeden Monat gibt es ein „Konzert" im Kultursaal, ein Programm mit Gesang, Theaterspiel und Getränken.

In der Kulturverwaltung arbeitet ein junges Mädchen.

Daniel verdreht die Augen, wie sie am Einlaß steht und die Eintrittskarten kontrolliert, wie sie die Männer zurechtweist. Er drängelt vorbei, schiebt sich in ihre Nähe.

Das erste Kapitel einer Liebesgeschichte.

Daniel baut noch drei Wände an die Lehmhütte, in der Lena mit ihren Eltern wohnt. Lenas große Zeit beginnt. Sie darf über einen Menschen verfügen und darf für ihn sorgen. Emsig, wie eine Füchsin geht sie zu Werke, klaut, indem sie die Eintrittskarten nicht abreißt, sondern im nächsten Monat noch mal verkauft.

Daniel versucht, sie davon abzubringen. Sie werden dich erwischen. Das muß doch rauskommen, wenn du nur zwanzig Karten abrechnest, dabei ist der Saal jedesmal überfüllt.

Aber es kommt nicht raus. Lena teilt mit den richtigen Leuten. Sie zieht einen anderen Schluß. In ihrem Kopf sitzt der Gedanke, Daniel könnte sie eines Tages wegen ihrer Betrügereien denunzieren. Sie will klüger sein, sie kommt ihm zuvor.

Sie trägt Daniels Papiere mit den Fingerabdrücken zum Kommissariat. Die Papiere bezeugen, daß sich Daniel hier am Ort nicht aufhalten dürfte. Mit ihrem Schritt steht sie vor der Welt als wachsame Bürgerin da.

Daniel hat Glück. Der Mann, dem die Papiere auf den Tisch geknallt wurden, ist ein stiller Bewunderer von Metsch und Daniel. Er hatte seinerzeit veranlaßt, daß sie die schönen Wandbilder malen durften. Daß Farbe da war, sogar Aluminium- und Bronzepulver für die glänzenden Weintrauben, für das Rankenwerk, für die brokatartigen Effekte...

Er bestellt Daniel zu sich. Die Papiere mit den Fingerabdrücken liegen auf dem Schreibtisch. Er sagt nicht, wie er dazu gekommen ist, erklärt nur im Dienstton, er solle künftig besser darauf aufpassen. Papiere dürfe man nicht einfach herumliegen lassen, das sei verboten. Sie gehörten unter Verschluß.

Daniel zieht in einen Hühnerstall.

Es sind einfach Stationen. Keine Tragödien mehr. Daniel geht an Lena vorbei. Lena versucht einen Gruß. Da dreht auch er sich um und grüßt. Aber er geht weiter.

Im Kulturhaus erklärt er seinen Laiendarstellern, wie man nach Stanislawski „Glücklichsein" spielt und was es auf sich hat mit der Kunst.

Wenn sie fertig sind mit Probieren und alle nach Hause gehen, bleibt Daniel noch im Saal sitzen. Er bleibt, bis er müde genug ist. Reif für den Hühnerstall, die Ecke zum Schlafen. Manchmal trinkt er noch einen Tee mit einem Schuß Wodka. Eine Frau schiebt die Tische zusammen. Arbeitet mit Eimer und Besen. Eine zierliche, nicht mehr junge, scheue Frau.

Sie stellt den Eimer hin, setzt sich in einem Entschluß, den Leute wie sie nur einmal im Leben fertigbringen, an seinen Tisch. Damit ist sie auch schon am Ende. Sie sitzt und schweigt. Es ist Schenja. Sie gehört zu einer Volksgruppe, die sich vor Jahrhunderten aus Litauern und Türken gebildet hatte, spricht eine Sprache, die keiner versteht. Auf deutsch kann sie ein paar Sätze, z. B.: Greift den Hasen, greift den Hund, oder: Ich weiß, was ich weiß. Einst hatte sie in einem Gebiet an der Wolga gelebt. Dort hatte sie eine

172

Familie. Eltern, Geschwister, einen Mann, einen Sohn. Hier wohnt sie allein unterm Dach des Kulturhauses. Wenn es dem Natschalnik nicht mehr paßt, kann sie fortgejagt werden. Wohin? – Achselzucken.

Daniel zieht eine zerknitterte Ansichtskarte unter dem Hemd hervor. Die hat er beim Malern gefunden, oder genauer gesagt, von einer Wand geklaut.

Das ist Deutschland. Er schiebt die Karte über den Tisch. Und damit bricht in ihm alles zusammen. Zwar sitzt er noch aufrecht da, doch seine Augen schwimmen in Tränen. Er weint. Schenja betrachtet die unschuldige Karte, schaut ängstlich auf den Mann, findet keine Erklärung. Eine Brücke über einen Fluß. Die Silhouette von Dresden.

Er schluckt, zwinkert die Tränen weg.

Ich werde an Stalin schreiben.

Daniel und Schenja heiraten.

Eine bescheidene, aber fröhliche Hochzeit. Janina sorgt für Stimmung. Metsch ist immer noch ein guter Freund. Er hat Wodka besorgt. In das besoffene Lachen hinein platzt die Nachricht. Stalin ist tot.

Daniel schleppt einen Kübel schwarzer Farbe. Er drapiert mit dem Pinsel schwarze Schleifen um die Wandbilder. Aus den Lautsprechern tönt Trauermusik bis hinauf unters Dach des Kulturhauses, wo Daniel und Schenja miteinander wohnen.

Wer soll uns nun rehabilitieren, wer soll uns den Weg freimachen nach Hause?

Ein Schakal ist tot.

Schenja! – Daniel ist zutiefst erschrocken über seine Frau.

Du willst so klug sein, sagt sie, aber du bist dumm. Dümmer noch als ein neugeborenes Lamm.

Ich habe ihm zwölf Briefe geschrieben. Habe meine Unschuld erklärt.

Sie lacht, lacht sich krank. Zwölf Briefe...

Er steht da wie ein Tölpel. Ich war 17, als ich nach Rußland kam ... Sie lacht immer noch. Er unterbricht seine Beichte, die Beschreibung seiner Unschuld, seiner Demütigungen. Schweig, schreit er.

Aber das liegt gar nicht mehr in ihrer Macht. Sie lacht. Er schlägt zu.

Schakal, lacht sie.

Hinter Karnickeldraht im Schaukasten hängt die tägliche Zeitung. Metsch steht davor und liest. Daniel trabt mit Farbeimer und Leiter heran. Metsch ruft: Komm her.

Daniel schüttelt den Kopf, er liest keine Zeitung.

Metsch: Deutsche Weiber kommen nach Moskau. Die Führerin heißt wie du.

Metsch fingert und fetzt das Stück Zeitung hinter dem Draht hervor.

Das ist meine Mutter. Daniel sitzt da und betrachtet das Zeitungspapier.

Metsch rennt los, um Schreibzeug zu besorgen.

Wochen später bekommt Daniel auf der Straße einen Brief ausgehändigt. Er fängt an zu tanzen. Tanzt wie verrückt.

Mit Schenja eng umschlungen sitzt er und liest den Brief: „...Wir sind überglücklich, von Dir ein Lebenszeichen in Händen zu haben. Wem sollen wir anders danken als Dir selbst, Deinem Mut, Deiner Tapferkeit ... Wir sind so stolz, daß mein Sohn am Aufbau des Sozialismus in der Sowjetunion teilnehmen darf. Wie Du sicher verfolgt haben wirst, sind auch wir hier in einem Teil Deutschlands dabei, eine bessere Welt aufzubaun. Wir haben endlich einen Staat, der unsere Ziele verwirklichen will. Wir haben die Diktatur des Proletariats. Wie gerne würde ich sehen, daß Du hier an unserer Seite stündest. Ich will aber nicht in Dich dringen. Mein Mutterherz muß schweigen, wenn es um unsere Sache geht. Verzeih, wenn ich Dir trotzdem sage, wie gerne ich Dich umarmen würde und daß

174

ich geweint habe und jetzt wieder weine. Hast Du eine Frau? Habt Ihr Kinder? Hattest Du nicht ein Mädchen namens Olga? Du deutetest damals an, daß Ihr ein Kind erwartet. Wie immer der Punkt auch sei, für mich war Dein Brief das glücklichste Ereignis der letzten Zeit. Du lebst und dazu noch in der großen schönen Sowjetunion. Die Jugend hier beneidet Dich. Und ich bin nun nicht nur froh, sondern, ich wiederhole es, auch sehr stolz..."

Daniel und Schenja halten sich zärtlich im Arm. Sie betrachten versunken die alte abgegriffene Ansichtskarte mit der Brücke und dem Fluß.

Daniel zieht mit den Farbeimern durch die Straßen.

Eines Tages hat er einen besonderen Auftrag. Er übermalt im Kultursaal das Stalinbild. Er nimmt weiße Farbe, doch die Brühe deckt nicht gut. Außerdem ist er höchstens halb bei der Sache. Lena steht dabei und beobachtet ihn. Sie trägt einen Kopfverband und sieht auch sonst ziemlich lädiert aus. Sie ist von ihrem Derzeitigen verprügelt worden.

Das geschieht dir recht, sagt Daniel.

Du willst nach Deutschland? Ich werde dich nicht gehen lassen. Nicht ohne mich.

Woher weißt du das?

Lena lächelt nur. Sie stupst ihn mit dem kleinen Finger.

Daniel versucht, sich mit seiner weißen Farbe zu verteidigen. Doch Lena greift an. Bis sie am Ziel ist.

Schenja kommt. Sie durchschaut, was sich abgespielt hat, setzt ihr sprachlos geschlagenes Gesicht auf. Doch Lena tröstet sofort:

Heul nicht, wir sind hier schließlich in einer Gegend, wo jeder richtige Mann mindestens zwei Frauen hat. Er ist ein Deutscher. Wir werden nach Deutschland gehn.

Schenja ist einverstanden. Sie nickt der anderen zu.

175

Daniel mit dem Zeitungsfetzen, seinem Papier mit den Fingerabdrücken und mit dem Brief seiner Mutter im Kommissariat.

Der Mann schüttelt den Kopf. Es liegt keine Genehmigung vor, keine Anweisung, die ihm die Ausreise aus dem Gebiet erlauben würde.

Zu Hause, in der Bude unterm Dach des Kulturhauses, sitzen die beiden Frauen auf der selbstgezimmerten Kuhfladenkiste. Erwartungsvoll.

Für unerlaubtes Entfernen gibt es zwanzig Jahre... Mehr bekommen sie nicht aus Daniel heraus.

Du willst uns betrügen, sagt Lena, willst dich allein davonmachen. Ich werde Fahrkarten nach Moskau besorgen. In Moskau gehst du zum Roten Kreuz und läßt dich rehabilitieren. Du bist ein Dummkopf, ein Lamm...

Schenja nickt, lacht. Die beiden bilden eine starke Partei. Lena geht, nimmt das Beste aus der Bude mit – eine Lampe, einen Stuhl.

Sie bringt das Wunder fertig.

Die drei sitzen im Zugabteil. Reisen nach Moskau.

Daniel vor einer Wohnungstür. Aus dieser Wohnung ist er vor fünfzehn Jahren vom KGB abgeholt worden. Olga war zurückgeblieben. Sie erwartete damals ein Kind ... 19 Jahre alt waren sie. Daniel schiebt die beiden Frauen in den Hintergrund. Er klopft.

Olga, eine Frau von 34 Jahren, öffnet. Schenja und Lena umarmen sich. Olga und Daniel stehen da, mit hängenden Armen.

Olga, Lena und Schenja in der Moskauer Wohnung. Olga hat Kisten unter einem Bett hervorgezerrt, Daniels über die vielen Jahre hin gehüteten Besitz. Bücher, Fotos aus der Zeit vor dem Krieg, vom Studium am Theaterinstitut ... Die drei Frauen kramen.

Daniel im Haus des Moskauer Roten Kreuzes vor den freundlichen Leuten, die das Schriftstück seiner

Rehabilitierung in den Aktenordnern gefunden haben. Sie rechnen. Er bekommt das vor 15 Jahren nach seiner Verhaftung zurückbehaltene Monatsgehalt für seine Arbeit am Theater ausgezahlt. Tabellen. Quittungen. Es darf kein Fehler unterlaufen. Niemand soll betrogen werden. Die Ausstellung eines vorläufigen Passes. Die Genehmigung für den Erwerb einer Fahrkarte nach Berlin. Die Zuständigen zeigen Routine.

Daniel hält still. Schließlich erlaubt sich Daniel eine Anmerkung. Wo er noch weitere Fahrkarten erwerben könne...

Wieso?

Er brauche außer dieser noch drei Fahrkarten. Für seine Frauen.

Unmöglich. Die Freundlichkeit schlägt sofort um. Wer denn diese Frauen seien? Namen will der Mann wissen. Adressen. Daniel gerät in den Verdacht, ein Betrüger zu sein. Die Sache sieht sehr gefährlich aus.

Er nimmt seine Papiere und macht sich rasch davon. Er flieht.

In einer wunderbar neuen Jacke sitzt Daniel im Flugzeug.

„Mein liebes Söhnchen, wie ich mich freue, daß Du Dich entschlossen hast, zu uns ins demokratische Deutschland zu kommen. Wir sind um so glücklicher, da wir ermessen können, was Du zurückläßt, nur um uns zu helfen, vielleicht auch, um mich wiederzusehn. Manchmal war ich mutlos, und ich stellte mir die Frage, ob es sich gelohnt hat. Die Opfer, daß Papa nicht mehr lebt. Ich habe durch einen Bekannten über ihn einiges in Erfahrung bringen können. Nach all dem und auch nach den schlimmen Nachrichten Papa betreffend habe ich wieder Kraft gefunden, als ich die Gewißheit hatte, daß Du ein sinnvoll erfülltes Leben führst. Komm, hilf mir, hilf uns beim Aufbau einer besseren, lichteren Zukunft. Wir brauchen solche kampferprobten Menschen, wie Du einer bist. Stelle Deine Erfahrungen in den Dienst unserer Sache..."

Auf dem Flugplatz Schönefeld geht er einem vergrößerten Kinderfoto entgegen. Das hält eine etwa 65jährige Frau, ein Mütterchen, als Erkennungszeichen vor der Brust. Sollte das die forsche Briefschreiberin, die Aktivistin vom Zeitungsfoto sein?

Ich bin der Daniel.

Sie? Kommen Sie jetzt aus Moskau?

Zwei Männer schieben sich dazwischen. Mit freundlicher Stimme:

Sie sind Daniel Wolf? Wir sind gekommen, Sie abzuholen.

Ich möchte erst mit meiner Mutter reden.

Sind Sie die Mutter?

Das Mütterchen wehrt ab: Ich kenne den Herrn nicht.

Die Männer weiter freundlich: Das wird sich klären. Kommen Sie beide mit.

Warum? Ich möchte nicht... Das Mütterchen macht sich mit dem Foto unter dem Arm aus dem Staube.

Einer der Männer, entnervt: Hole die Frau zurück. Hören Sie doch erst mal zu.

Ich will nicht zuhören.

Das Mütterchen wird mit sanfter Gewalt herangebracht.

Genosse Wolf, wir haben Ihnen eine Wohnung in Anklam besorgt.

Ich möchte in Berlin leben... bei meiner Mutter... in ihrer Nähe... Die Alte ist ganz still geworden, gerührt, weil das womöglich ihr gilt, dieses Zeichen von Zuneigung. Wie kommt es, daß er graue Haare hat? fragt sie die Männer, um sich weiter zu vergewissern. Sie hält den Männern das Kinderfoto entgegen.

Genau darum geht es, antwortet einer. Anklam, das ist keine müde Bitte, das ist ein Auftrag. Herr Wolf wird in Anklam wohnen. Er wird dort nicht allein sein.

Tatsächlich. Daniel ist dort nicht allein.

Im Gerichtsgebäude, hinter dem Richtertisch, findet er Pin. Daniel betritt den Gerichtssaal, als Pin grade in scharfen Worten einen jungen Mann verurteilt. Wegen feindlicher Propaganda.

Pin erschrickt, als er Daniel unter den Zuhörern entdeckt. Sollte das Gespräch im Zentrallager ein Fehler gewesen sein?

Als sie sich dann gegenüberstehen, gilt alte Freundschaft. Die Jacke, das Brot... Pin hat Karriere gemacht, nicht als Maler, nicht als Architekt, sondern als Jurist. Es gäbe viel zu erzählen, aber...

„Liebe Mama, kennst Du nicht jemanden, der mir helfen könnte, von hier wegzukommen. Ich möchte Schauspieler sein, nichts anderes..."

Daniel sitzt am Fenster einer kleinen Neubauwohnung. Er hat einen Trainingsanzug an. Ist dicker geworden. Haare sind ihm ausgefallen. Es klingelt.

Einer der Männer vom Flugplatz besucht ihn.

Daniel soll ein bißchen auf Pin aufpassen, ein bißchen auf ihn achten. Das wäre das eine, das andere: das Theater in Anklam nimmt nächstens einen Regisseur ins feste Ensemble... Herr Wolf, wäre das nichts für Sie?

HELMUT DAMERIUS

UNTER FALSCHER ANSCHULDIGUNG

18 Jahre
in Taiga und Steppe

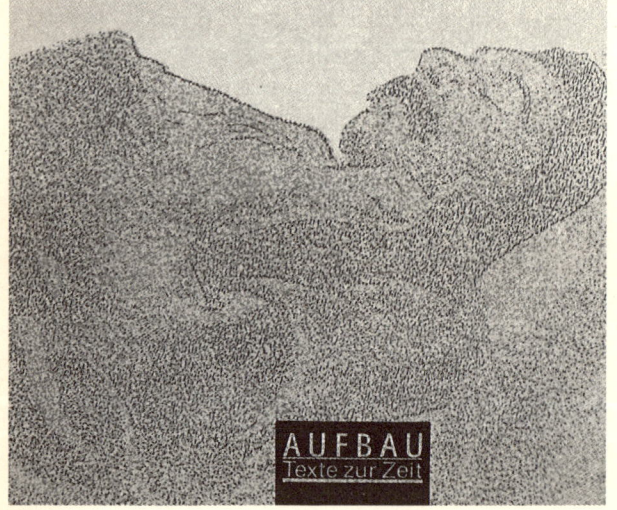

AUFBAU
Texte zur Zeit